おかわりちょうだい！保育園ごはん

元気な子どもを育てる
安心レシピ

家庭栄養研究会 [編]

食べもの通信社

読者のみなさまに

　給食室から、おいしそうな匂いが流れてくると、子どもたちは「今日の給食は何かな？」と期待でわくわくします。

　みんなと一緒に食べる食事は、楽しいものです。そこここから、「おかわりちょうだい！」と元気な声が聞こえてきます。

　「保育園ではよく食べるのに、家ではなかなか食が進まない」という家庭の悩みをよく聞きます。おとなと同じ料理では、パサパサする、野菜の繊維が硬いなどで、子どもには食べにくい場合があります。とりわけ１、２歳の子どもは、歯が生えそろっていないためよく噛めず、飲み込む力が未発達なので、子どもの状態に合わせた調理法が必要です。

　保育園の献立は、乳幼児の成長・発達段階を熟知した栄養士・調理員が、日々の実践をとおして積み重ねてきた知恵の結晶です。栄養価やおいしさとともに、安全性、季節感、食文化、食教育まで配慮し、子どもが食べやすいように、とろみを付ける、切り方や軟らかさを変えるなどの工夫も随所に凝らされています。

　今、食物アレルギーの子どもが増え、卵、牛乳、小麦などの除去食の対応が大きな課題になっています。解決策の一つとしてたどりついたのが、ご飯とみそ汁、魚と豆腐、野菜たっぷりといった和食のレシピでした。みんなと一緒に食べられるうえに、すべての子どもの健康な体づくりにもつながります。

　家庭栄養研究会が編集する月刊『食べもの通信』は、「心と体と社会の健康を高める食生活」を提唱し、とりわけ次代を担う子どもたちの健康と食を大切にしてきました。2009年から連載中の「子どもの食事　おかわりちょうだい！」は、保育園で実際に使われている献立を紹介する人気のコーナーです。

　本書はその中から16の保育園、180のレシピを厳選し、あらためて加筆していただいたものです。おとな向けの料理本はたくさん出版されていますが、乳幼児期の発達に合わせたレシピ集はごくわずかしかありません。豊かな経験の集積である保育園給食のレシピ本は、乳幼児の保育にかかわるすべての人の参考になることと思います。

子どもの「食べる力」を育てることは、「生きる力」を育てること。幼少期に身についた良き食習慣は、一生の財産です。子どもの心身をはぐくむ食事がもっと豊かになるように、本書が保育園や家庭で活用されることを願っています。

2016年11月
家庭栄養研究会

本書のレシピ 10 のポイント

①和食を基本にする。
②主食：パンや麺よりご飯を主に。
③主菜：アレルギーや生活習慣病の素地を作りやすい卵、乳製品、肉類を控え、たんぱく質は魚や大豆製品をメーンにする。
④副菜：免疫力を高めるため、野菜・海藻を多く使用。
⑤安全性：食品添加物や農薬など、安全性に不安のある食材を避ける。電子レンジは不使用。
⑥国産：問題が多い輸入食品より、国産品、地元食材を使用。
⑦だし：化学調味料を使用せず、コンブやかつお節など天然のだしを使用。
⑧甘味：糖分は控えめに。白砂糖は不使用。未精製糖やテンサイ糖などを使用（園によっては、三温糖を使用）。
⑨塩分：とくに子どもは腎臓の機能が未発達なので、できるだけ薄味に。
⑩旬の食材を使用し、行事食をとり入れる。
☆以上は、家庭栄養研究会がおすすめするポイントですが、各園によって、多少の違いがあります。

●●● 材料の分量について ●●●

○本書の材料の分量は、3歳以上児3人分を目安にしています。これは、子ども1人分とおとな1人分と同じ分量で、家庭で作るときは、換算してください。
○なお、一部作りやすい分量にしているレシピもあります。

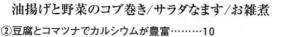

1月のレシピ JANUARY

①保育園でお正月料理………8
　油揚げと野菜のコブ巻き/サラダなます/お雑煮

②豆腐とコマツナでカルシウムが豊富………10
　手作りがんも/ゴボウのみそ煮/コマツナとマイタケの煮びたし

③野菜の力で風邪知らず………12
　レンコンの豆みそ炒め/カボチャのいとこ煮/ヤマイモとヒジキのチヂミ

④冬は根菜がおいしい………14
　レンコンハンバーグ/切り干し大根の酢のもの/エビだんご入り澄まし汁

⑤親子でお料理作りましょう………16
　サケのチャンチャン焼き/おにぎり/豚汁

2月のレシピ FEBRUARY

①子どもたちにアツアツのごちそう………18
　和風カレーうどん/こうや豆腐のそぼろ煮/ブロッコリーの納豆あえ

②大豆製品をいただく………20
　こうや豆腐の肉詰め煮/コマツナと油揚げの煮びたし/根菜汁

③体も心もあったかスープ………22
　イワシだんごのちゅるちゅるスープ/青大豆の五目煮/カブとワカメのサラダ

④豆づくしのメニュー………24
　大豆ハンバーグ/いり黒豆ご飯/お豆とお芋のういろう

⑤春を呼ぶ節分の献立………26
　イワシのコンブ巻き/納豆サラダ/豆天

3月のレシピ MARCH

①ひなまつりお祝いレシピ………28
　豆腐の松風焼き/鯛めし/ミツバとハマグリの澄まし汁

②芽吹きパワーを活かす………30
　黒豆と菜の花のピンク寿司/サワラのフキみそ焼き/ミズナと大根のサラダ

③セリと菜の花で春を味わう………32
　セリとサケのスパゲティ/菜の花とイカの酢みそあえ/三色蒸しパン

④大好き春メニューごちそうさま………34
　ショウガ入り炊き込みご飯/カジキマグロの竜田揚げ　菜の花のあえ物添え/春キャベツと豆腐のスープ

⑤卒園児のナンバー1リクエストメニュー………36
　回転寿司/菜の花ギョーザ/ひな祭りの茶巾あん

4月のレシピ APRIL

①旬の海の幸と山の幸で………38
　アサリと豆腐のうま煮/ニンジンフライ/茎ワカメのサラダ

②春風にのって届く旬の食材………40
　サワラの焼き南蛮/菜花の白あえ/きなこと豆腐のスコーン

③納豆パワーを子どもたちに………42
　納豆のボール揚げ/納豆チャーハン/マカロニサラダ

④アレルギーの子にも安心メニュー………44
　ポテトのキャベツ巻き/ニラ丼/ニンジンの白あえ

⑤野菜のハーモニーを楽しむ………46
　ニンジンご飯/豆腐ハンバーグきのこソースのせ/キャベツとビーフンのサラダ

5月のレシピ MAY

①子どもと作る旬のご飯………48
タケノコご飯/生り節とフキの煮物/回鍋肉風

②子どもに大人気 梅みその味………50
魚の梅みそ焼き/おからのかやくご飯/青梅で作る梅みそ

③軟らかい春キャベツを味わう………52
おからハンバーグ/キャベツの甘酢あえ/
春キャベツと切干し大根のブイヨン煮

④魚と大豆で大きくな〜れ………54
サワラのあんかけ/大豆サラダ/離乳食のこいのぼりランチ

⑤端午の節句を楽しむ………56
こいのぼりご飯/ワカメのてんぷら/こいのぼりクッキー

6月のレシピ JUNE

①梅雨を乗り切るメニュー………58
サケのマヨネーズ焼き/五目納豆/キュウリとモズクの酢の物

②免疫力アップの3品………60
コンブのショウガ煮/野菜の重ね蒸し/ニンジンの梅酢きんぴら

③子どもといっしょに豆料理………62
お豆と豆腐のサラダ/ソラマメご飯/お魚シュウマイ

④わくわく梅レシピ………64
お魚バーグの梅おろし/梅ゴマみそ/おから梅スコーン

⑤サバを主役にバランス献立………66
サバのソース煮/新ジャガの和風ジャコサラダ/水無月だんご

7月のレシピ JULY

①夏野菜で元気いっぱい………68
ナスと豚ひき肉のみそ炒め/揚げカボチャのおかかあえ/
キュウリの中華漬け

②七夕の行事食………70
夏ちらし/七夕スープ/キュウリとイカのソテー

③夏バテ知らずの野菜たっぷりメニュー………72
だしご飯/生春巻き/こんにゃくのネギショウガあえ

④揚げものとさっぱりスープ………74
サケと豆腐のコロッケ/トマトスープ/野菜のコンブあえ

⑤夏バテ予防に薬味と酸味を………76
揚げナスとジャコのサラダ/青ジソとチリメンジャコのご飯/
アジの揚げもの2種

8月のレシピ AUGUST

①夏でも温かいおつゆが体にやさしい………78
牛肉とサヤインゲンとトマトのサラダ/トウガンのおつゆ/かんたん春巻き

②ネバネバでパワーアップ………80
ネバネバ丼/マドモアゼルサラダ/カボチャの蒸しケーキ

③夏にうれしいあっさり味………82
豆腐とニラのあっさりギョーザ/イカと野菜のマリネ/冷や汁

④大分の郷土料理………84
夏野菜のだんご汁/こねり/炭酸まんじゅう

⑤夏の暑さに負けないレシピ………86
イワシのかき揚げカレー味/豆乳そうめん/蒸しナスのマリネ

9月のレシピ SEPTEMBER

①残暑を乗り切るのど越しさっぱり献立………88
　トウガンスープ／サケずし／岩石揚げ

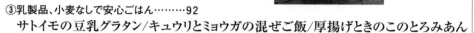

②体にたまった熱を取るメニュー………90
　ビビンバ／春雨スープ／リンゴゼリー

③乳製品、小麦なしで安心ごはん………92
　サトイモの豆乳グラタン／キュウリとミョウガの混ぜご飯／厚揚げときのこのとろみあん

④卵・乳・小麦アレルギーでもOKのおやつ………94
　切り干し大根のチヂミ風／コーン蒸しパン／サツマイモボール

⑤お月見を楽しむ………96
　変わり揚げだし豆腐／揚げナス煮びたし／カラフルお月見だんご

10月のレシピ OCTOBER

①旬のサバとこいもを味わう………98
　ナガイモのふわふわ汁／サバの焼き漬け／こいもご飯

②秋はサケがおいしいんです………100
　揚げイモ入り煮物／サケのゴマみそ焼き／豆乳みそ汁

③豆腐を主菜に………102
　サツマイモご飯／コマツナとシメジの煮びたし／炒り豆腐

④秋です！きのこを楽しもう………104
　きのこのイワシロール／シイタケ豆腐ハンバーグ／きのこの納豆あえ

⑤おいもときのこを味わう………106
　サトイモのふわふわ揚げ／きのこの炒めなます／ゆでもち

11月のレシピ NOVEMBER

①山海の旬を食べる………108
　サンマのかば焼き／シメジご飯／鶏肉とゴボウの土佐煮

②新米ともちキビをおいしく………110
　クリとシメジ・ソーセージの炊き込みご飯／もちキビバーグあんかけ／サトイモのから揚げ

③伝統食・呉汁をきちんと伝える………112
　呉汁／サトイモグラタン／イカとキャベツのオイマヨ炒め

④野菜てんぷらで秋の味覚を楽しむ………114
　天丼／大根ステーキ／レンコンの梅あえ

⑤秋の食材で体調づくり………116
　サトイモと小豆の混ぜご飯／ハクサイと柿の甘酢漬け／豆腐とレンコンの揚げだんご

12月のレシピ DECEMBER

①クリスマスにこんなメニューはいかが………118
　鶏の山賊焼き／マカロニグラタン／イチゴサンタ

②冬は体を温める根菜類が主役………120
　カブのヒエクリーム煮／ブラウンシチュー／リンゴの淡雪のせ

③クリスマスのお楽しみメニュー………122
　ケーキご飯／ポテトとサケの和風グラタン／こうや豆腐と大豆のマセドアンサラダ

④体も心も温まる根菜料理………124
　レンコンコロッケ／和風チャプチェ／大根もちのだしあんかけ

⑤アレルギーの子も食べられるクリスマスメニュー………126
　魚のパン粉焼き／ニンジンのドレッシングあえ／スイートポテトロール

乳幼児期の食の大切さと保育園給食の役割─北方幸江………128
協力保育園・執筆者紹介………130／保育園の栄養摂取基準………131
料理別索引………132／計量のめやす………134

●装幀…六月舎●組版・本文デザイン…大村晶子（合同出版制作室）／佐藤健●イラスト…Srima／チブカマミ／ネツユキエ

保育園でお正月料理

1月のレシピ ①

- 油揚げと野菜のコブ巻き ……… 野菜と油揚げの相性がピッタリ
- サラダなます ……… 子どもが意外に好きな酢の物
- お雑煮 ……… コンソメ味をプラスした雑煮

＊材料はどれも子ども3人分（またはおとな1人分と子ども1人分）です。

油揚げと野菜のコブ巻き

野菜と油揚げはピッタリ。相性をコブ巻きにして、色どりを添えました。おなかにもやさしい一品です。

材料
- コンブ（5cm×20cm）… 1枚
- かんぴょう … 15cm×3本
- 油揚げ … 1枚
- ニンジン … 25g
- ゴボウ … 25g
- 塩 … 少々
- だし汁 … 400cc
  （大量調理の場合は少なめに）
- みりん … 大さじ1/2

煮汁
- だし汁 … 200cc
- みりん … 大さじ1
- しょうゆ … 大さじ1

合わせ調味料
- 砂糖 … 大さじ1
- しょうゆ … 大さじ1

❶ コンブは水にひたして軟らかく戻しておく。

❷ かんぴょうはさっと洗い、塩で少しもみ、10分ほど水に浸し水気を切る。たて半分に切って6本にする。

❸ 油揚げは切らずにそのまま。ニンジンは7cmの長さの千切りにする。ゴボウも7cmの長さの千切りにし、水にひたしてから水気を切る。

❹ 煮汁を合わせ、合わせ調味料も混ぜておく。

❺ 鍋に煮汁の半分の量を入れて強火にかけ、ニンジンを入れて4分煮る。ニンジンをあげ、汁気を取り、粗熱をとっておく。

❻ 鍋に残りの煮汁を入れて強火にかけ、ゴボウを入れて5分煮る。ゴボウを取り出し、汁気を切って粗熱を取っておく。

❼ ❶のコンブの上に油揚げ、ニンジン、ゴボウをのせて巻き、かんぴょうで6カ所結び、コブ巻きにする。

❽ 鍋にだし汁とコブ巻きを入れて強火にかける。沸騰したら、ふたをして弱火で20分煮る。合わせ調味料を加えて、さらに20分煮る。

❾ みりんを加えて、全体に煮汁をからめる。コブ巻きを取り出し、6等分に切って器に盛り付ける。

サラダなます

子どもが意外に好きなのが酢の物です。
紅白なますをアレンジして
食べやすいなますにしてみました。
すっきりした味わいが、好評です。

材料
- カブ……中1個
- キュウリ…1/2本
- シメジ……25g
- 干し柿……1/2個
- 酒………大さじ1/2
- しょうゆ…小さじ1
- みりん……大さじ1/2
- 酢………大さじ1と1/2

1 カブは千切り、キュウリは小口切りにして塩水につけ、しんなりしたらもんで固く絞る。

2 シメジは石づきを切ってばらばらにし、酒とともに鍋に入れ、中火でいってしんなりさせる。

3 干し柿は種とへたをとり、半月切りにする。

4 調味料を合わせてよく混ぜ、❶❷❸を入れて混ぜる。

お雑煮

全国各地域で特徴のあるお雑煮ですが、
子どもたちの大好きなコンソメ味にしてみました。
さっと焼いたおもちのおいしさを引き立ててくれます。

材料
- 大根……………100g
- サツマイモ………100g
- 生シイタケ……2枚
- エノキダケ……1/3袋
- ネギ……………1/2本
- コンソメ………1個
- もち（小）………3個
- 白みそ…………適量

1 大根は厚めのイチョウ切り、サツマイモは小さめの乱切りに、シイタケは6分の1に切り、エノキダケは石づきを切り取って、半分の長さに切る。ネギは小口切りにする。

2 鍋に水300ccとコンソメを入れて、❶の材料を煮込む。

3 ❷に白みそを好みで入れる。

4 おもちをオーブントースターで焼いて、最後にのせる。

●けま太陽の子保育園

1月のレシピ ② 豆腐とコマツナでカルシウムが豊富

- 手作りがんも……………………………………揚げたてが大人気
- ゴボウのみそ煮…………………………ゴボウとみそはベストコンビ
- コマツナとシメジの煮びたし……シメジのうま味が生きている

＊材料はどれも子ども3人分（またはおとな1人分と子ども1人分）です。

手作りがんも

きのこや切り干し大根、ゴマなど具はお好みでどうぞ。

材料
- 豆腐……………半丁（150g）
- ニンジン…………30g
- 芽ヒジキ（乾燥）…4g
- コンブ……………5×3cm
- マイタケ…………10g
- しょうゆ…………小さじ1
- 小麦粉……………大さじ1.5
- 塩…………………少々

① 豆腐は水切りしておく。

② ヒジキはさっと洗って、ザルにあげる。

③ ニンジンは短めの千切り、コンブは水に戻して、細切りにする。マイタケは割いておく。
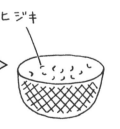

④ ②③を鍋に入れて少々の塩としょうゆ、100ccくらいの水を入れて、軟らかくなるまで煮る。

⑤ ①の豆腐をくずしたものに、冷ました④の具材と、小麦粉を混ぜて、ピンポン玉くらいに丸める。

⑥ 170度の油でキツネ色になるまで、ゆっくり揚げる。

☆子どもは何も付けずに、おとなはお好みで、ショウガじょうゆを付けてもおいしくいただけます。
☆ヒジキの煮物を多めに作り、手作りがんもに入れたり、豆腐と混ぜて白あえにすれば、三つの味を楽しめます。

ゴボウのみそ煮

ゴボウとみそはよく合います。
コトコト煮込んだ冬のごちそうです。

材料

ゴボウ…60g
みそ（お好みのもの）*
　………小さじ1/6
塩………ひとつまみ

＊みそによって多少塩分が違いますので、お好みで調整してください。

❶ ゴボウは、よく洗って小さめの乱切りにする。

❷ 鍋に、ゴボウと水、塩を入れ、中火にかける。

❸ 5分ほどしてから、みそを入れ、ひと混ぜして弱火にする。焦げないように様子を見ながら30分ほど煮る（水気がないようなら、少量の水を足す）。

❹ 味をみて、薄いようなら塩少々を足す（分量外）。時間に余裕があれば、しばらく置いて味をなじませる。

しばらく置くとおいしくなる

コマツナとマイタケの煮びたし

青菜とマイタケのうま味で、野菜をたくさんいただけます。やさしい味です。

材料

コマツナ…100g（小さめのもの2株）
マイタケ…80g
塩…………小さじ1/6（ふたつまみ）

❶ コマツナは、食べやすい大きさにざくざく切り（小さな子には、葉に縦にも包丁を入れると良い）。

❷ マイタケは石づきを取り、食べやすい大きさにさく。

❸ 厚手の鍋にマイタケとコマツナの順に重ね入れ、塩を振り、水大さじ1を入れて、ふたをして弱火にかける（野菜から水分が出てくる）。

❹ 焦げないように、15分ほど加熱する。味が薄いようなら、塩をひとつまみ入れる。

☆水気が多いときは、少量の水とき片栗粉（分量外）でとろみをつけるとよいです。

●麦っ子畑保育園

野菜の力で風邪知らず

1月のレシピ ③

- レンコンの豆みそ炒め　……　野菜のうま味が楽しめる
- カボチャのいとこ煮　……　風邪の予防にカボチャと小豆
- ヤマイモとヒジキのチヂミ　……　親子で作れる簡単チヂミ

＊材料はどれも子ども3人分（またはおとな1人分と子ども1人分）です。

レンコンの豆みそ炒め

レンコンのシャキシャキ感と
豆みその風味がよく合います。
野菜から出る自然のうま味がおいしい一品です。

材料

- レンコン……40g
- キャベツ……90g
- モヤシ………60g
- ニンジン……10g
- ニラ…………10g
- シメジ………10g

A
- 豆みそ………小さじ1と1/4
- 酒……………小さじ1/2
- みりん………小さじ1/2
- 砂糖…………小さじ1/3

ナタネ油……適量

❶ レンコンは薄切り、キャベツはざく切り、ニラは3cm程度に長さをそろえて切る。ニンジンは短冊切り、シメジは石づきをとってほぐす。

❷ 鍋に油を熱し、ニンジン、レンコン、キャベツ、シメジの順で炒める。

❸ よく溶いたAを加え、野菜に火が通るまで炒め煮する。

❹ ニラとモヤシを加えてさっと煮立たせる。

☆お好みで、片栗粉でとろみをつけてもよい。

カボチャのいとこ煮

寒い冬にカボチャのいとこ煮を食べると、風邪をひかないと昔からいわれています。

材料

カボチャ………150g
小豆……………20g
砂糖……………小さじ1/2
しょうゆ………小さじ1

① カボチャは大きめに切る。

② 小豆は水からゆで、沸騰したら水をかえ、さらに沸騰したら弱火にして、小豆が軟らかくなるまで煮る。

③ ❷の上にカボチャ、砂糖を加え、水をかぶるくらいまで足す。沸騰したら弱火で煮る。

④ ❸の途中でしょうゆを加え、煮汁がなくなるまで煮崩さないよう注意しながら煮詰める。

ヤマイモとヒジキのチヂミ

消化が良く滋養満点のヤマイモを使った簡単チヂミ。親子で作っても楽しいですよ。

材料

ヤマイモ……30g　　ニラ…………6g
ニンジン……10g　　干しヒジキ…1.5g

Ⓐ ┌ 薄力粉……大さじ5
　 └ 片栗粉……小さじ2

Ⓑ ┌ しょうゆ…小さじ1
　 └ 酢…………小さじ1/2

ゴマ油…………適量

① ヤマイモ、ニンジンは千切り、ニラは2cmに長さをそろえて切る。干しヒジキは水で戻して水切りする。

② ボウルに❶とⒶを入れ、野菜の水分で生地をまとめる。（水気が足りなかったら水を加えて、粉っぽさがなくなるようにする）。

③ ホットプレートにゴマ油をしき、小判形に丸めて焼く。

④ Ⓑを合わせて酢じょうゆを作り、表面にぬる。

● わらしこ保育園

1月のレシピ ④ 冬は根菜がおいしい

- レンコンハンバーグ……………… シャキシャキ歯ごたえが大人気
- 切り干し大根の酢のもの………… ホタテの風味でうま味をプラス
- エビだんご入り澄まし汁………… 根菜が体を温めます

*材料はどれも子ども3人分（またはおとな1人分と子ども1人分）です。

レンコンハンバーグ

シャキシャキとした、レンコンの歯ごたえが楽しめるハンバーグです。
すりおろしと粗みじん切りの
レンコンの2種使いがポイントです。

材料

豚ひき肉…135g	A［パン粉…………12g 　　牛乳……………15g
レンコン…45g	
タマネギ…40g	B［トマトケチャップ…15g 　　塩………………0.9g
ニンジン…15g	
卵…………12g	油…1.5g

☆レンコンの粗みじん切りは、お好みでざく切りでもよいです。
☆温野菜などを添えて。

❶ タマネギ、ニンジンは、みじん切りにし、さっと炒める。

❷ レンコンは、半分をすりおろし、もう半分は粗みじん切りにする。

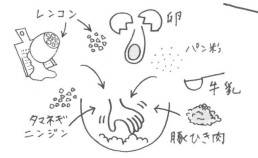

❸ Ⓐを合わせたボウルに溶き卵を入れ、豚ひき肉、❶、❷を入れ、よくこねる。

❹ ❸にBの調味料を加え、よく練り合わせる。

❺ ❹を形を小判型に整えて、油をひいて中火で焼く。

切り干し大根の酢のもの

切り干し大根の歯ごたえが良い、サラダ感覚の酢のものです。ホタテの風味とよく合います。

材料

- 切り干し大根……12〜15g
- だし汁または水…ひたひたに浸かるくらい
- キュウリ…………30g
- ニンジン…………6g
- ホタテ貝柱缶……18g
- リンゴ酢…………大さじ1/2
- しょうゆ…………大さじ1/2
- だし汁……………大さじ1/2
- （かつお節、コンブなどお好みで）

☆ 切り干し大根は、だし汁で煮たほうが、においが飛び、いっそうおいしくなります。

❶ 切り干し大根は、よく洗いお湯で戻し、だし汁またはお湯でさっと煮る（硬さはお好みで）。ほかの野菜と同じくらいの長さに切り、よく絞る。

❷ キュウリは、7mm幅、1.8〜2cm長さの短冊に切り、ニンジンも同じ長さくらいの千切り、貝柱は水を切り、ほぐす。

❸ 調味料を合わせ、❶と❷を一緒にしてあえる。

エビだんご入り澄まし汁

根菜がたっぷり入ったスープ。エビのプリプリ感も絶妙で、風味も良く、根菜によく合います。

材料

- ゴボウ………15g
- 大根…………36g
- ニンジン……8g
- サトイモ……24g
- コマツナ……15g
- こんにゃく…30g
- 豆腐…………45g
- エビ…………75g
- 片栗粉………1.2g
- 塩……………少々
- しょうゆ……適宜
- だし汁………450cc

☆ サトイモのぬめりが気になるときは、下ゆでまたは塩でぬめりをとる。
☆ エビの代わりに、肉だんごでもおいしいです。
☆ うどんやそばを入れるのもよいです（この時は、味を少し濃いめで）。

❶ 野菜はイチョウ切りに、こんにゃくは、短冊切りにする。

❷ 豆腐は約1cmの角切りにする。

❸ コマツナは下ゆでし、食べやすい大きさに切る。

❹ エビは、すり身にし、片栗粉・塩を加え、よく混ぜる。

❺ 鍋にだし汁を入れ、❶の材料を煮る。

❻ ゴボウが軟らかくなったら、❹をスプーンですくい、1.5cmほどの大きさにし、鍋に入れる。エビが煮えたら、豆腐を入れ、しょうゆ、塩で味を調える。コマツナを加え、でき上がり。

●井の頭（いのかしら）保育園

1月のレシピ ⑤ 親子でお料理作りましょう

- サケのチャンチャン焼き………かんたん豪華なプレート料理
- おにぎり………子どもと作りましょう
- 豚汁………具だくさんでおいしい定番料理

＊材料はどれも子ども3人分（またはおとな1人分と子ども1人分）です。

サケのチャンチャン焼き

材料

- 生サケ……… 3切れ
- ニンジン…… 小1/2本
- タマネギ…… 小1個
- キャベツ…… 1/8個
- マイタケ…… 1/2パック
- シメジ……… 1/2パック
- 長ネギ……… 1/2本
- 油…………… 大さじ1
- A
  - みそ……… 大さじ2
  - 酒………… 大さじ1
  - みりん…… 大さじ1
  - 砂糖……… 大さじ1

1. 下準備をする。ニンジンは千切り、タマネギはうす切り、長ネギは斜め切り、キャベツとマイタケとシメジは食べやすい大きさにちぎる。

2. ホットプレートかフライパンに多めの油をひき、生サケを並べて、上から野菜をかぶせるようにのせる（ニンジンなど、火の通りにくいものから先に入れる）。

3. ふたをして弱火で15分ほど蒸し焼きにする。

4. Aを合わせておいて、サケや、野菜に火が通っているのを確かめてから、Aを好みに合わせてかける。

5. ふたをして、1分ほど加熱して出来上がり。

子どもにやってもらってね…

おにぎり

サケのチャンチャン焼きを加熱している間に
おにぎりを作りましょう。

材料

- ご飯……… 2合
- 梅干し………╮
- コンブ………│
- サケ…………├ 適量
- ツナ…………│
- かつお節……│
- ふりかけ……│
- ノリ…………╯

☆ いろいろな具を用意して子どもといっしょ
に作ると、選ぶ楽しさ、組み合わせる楽しさ
があり、食べたい気持ちも高まります。

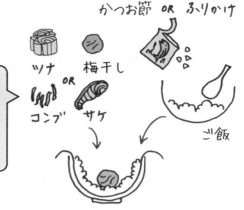

1. 茶わんにラップをしき、ご飯をのせ、真ん中に具を入れてラップで包む。ねじるようにして、おにぎりの形をまとめる。

2. かつお節やふりかけは、ご飯に混ぜてラップで包む。

豚汁

こんにゃくはスプーンや、へらで切ったり、
手でちぎれます。
4歳ぐらいからは、大根やニンジンの
皮むきも楽しくやってくれます。
ピーラーを使うとき、食材を持つ方の手に
軍手をはめておけば安心です。

材料

- 豚肉………… 50g
- ゴボウ……… 1/2本
- 大根………… 5cm
- ニンジン…… 小1/2本
- こんにゃく… 1/2枚
- ネギ………… 適量
- みそ………… 大さじ2
- だし汁……… 450cc

1. ゴボウは斜め切りかささがき、大根とニンジンはイチョウ切り、こんにゃくはたんざく切り。ゴボウに切り込みを入れて、ピーラーで引くと、簡単にささがきになる。

2. だし汁か水(どちらでもよい)に❶の具材と豚肉を入れ、火が通るまで煮て、みそで味付けして、出来上がり。ネギもお好みで入れる。

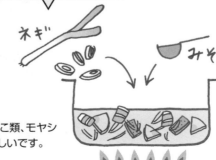

☆ 冷蔵庫に油揚げやちくわ、きのこ類、モヤシ
などがあったら、入れてもおいしいです。

●西七条保育園

2月のレシピ ①

子どもたちにアツアツのごちそう

- 和風カレーうどん ………………………… 栄養のバランスがよい
- こうや豆腐のそぼろ煮 …………………… 子どもたちに大人気
- ブロッコリーの納豆あえ ………………… おかか味でおいしく

＊材料はどれも子ども3人分（またはおとな1人分と子ども1人分）です。

和風カレーうどん

材料

うどん（ゆでめん）	2玉
タマネギ	60g
大根	60g
ネギ	10g
薄口しょうゆ	10～12cc（大さじ2/3）
みりん	10cc（大さじ1/2）
塩	1～1.5g（2つまみ）
片栗粉	1g（小さじ1）
カレー粉	適量
豚肉	60g
ニンジン	60g
油揚げ	15g

☆だし汁は好みによって調味料を調節します。

❶ 500ccほどの沸騰しただし汁にイチョウ切りにしたニンジン・大根、薄く切ったタマネギを入れ、弱火でコトコト煮る。

❷ ❶の野菜が軟らかくなってきたらみりん、しょうゆ、塩を入れ、細かく切った豚肉・油揚げを入れて煮る。

❸ ❷の豚肉に火が通ったらカレー粉を振り入れ、水溶き片栗粉でとろみをつける。

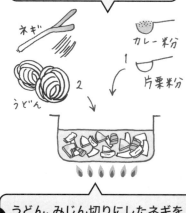

❹ うどん、みじん切りにしたネギを入れひと煮立ちしたら出来上がり。

こうや豆腐のそぼろ煮

材料
- 鶏ひき肉……………………… 45g
- こうや豆腐…………………… 15g（1枚）
- ジャガイモ…………………… 60g（1/2個）
- ニンジン……………………… 30g
- タマネギ……………………… 60g（1/6個）
- サンドマメ（サヤインゲン）… 15g（3本）
- 干しシイタケ………………… 3g（1枚）
- しょうゆ……………………… 9g（大さじ1/2）
- 砂糖…………………………… 3g（小さじ1/2強）

1 こうや豆腐はぬるま湯で20分位戻し、1.5cm角に切る。干しシイタケは水に戻しておき、サンドマメは2cmほどに切っておく。

2 ジャガイモは1cm幅のイチョウ切り、ニンジンは薄くイチョウ切り、タマネギと水に戻した干しシイタケは1cm角くらいに切る。

3 鍋で鶏ひき肉を軽く炒める（焦げない程度の火加減で油はひかず、ひき肉から出る油でOK）。

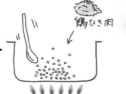

4 ❸の鍋に❷の野菜を入れ炒める。ひたひたになるくらいのだし（干しシイタケの戻し汁も）を入れたらふたをして煮る。

5 沸騰してきたら弱火にして砂糖、しょうゆを加えコトコト煮る。

6 ジャガイモに火が通りきる前にサンドマメとこうや豆腐を入れて、ジャガイモがほっくりと煮えてきたら火を止め、ふたをしたまま味がしみるのを待つ（10分くらい）。

ブロッコリーの納豆あえ

1 ブロッコリー、ニンジンをゆでる。

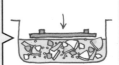

材料
- ブロッコリー……… 50g
- 納豆（ひきわり）… 20g（半パック）
- ニンジン…………… 15g
- かつお節…………… 1g
- しょうゆ…………… 適量
- 砂糖………………… 適量

☆薬味はかつお節のほかに、ジャコやゴマを代わりに入れても合います。

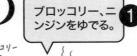

2 砂糖としょうゆを合わせ、❶の野菜と納豆、かつお節をあえて出来上がり。

●くりのみ保育園

2月のレシピ ② 大豆製品をいただく

- こうや豆腐の肉詰め煮 …………… だし汁を効かせて
- コマツナと油揚げの煮びたし …… 苦手な青菜も大好きに
- 根菜汁 ……………………………… 野菜のうま味たっぷり

*材料はどれも子ども3人分（またはおとな1人分と子ども1人分）です。

こうや豆腐の肉詰め煮

かみしめたときに、じわっと出る煮汁のおいしさがたまりません。

材料

こうや豆腐……3枚

A
- 鶏ひき肉…50g
- タマネギ…50g
- ニンジン…10g
- 片栗粉……小さじ1
- 塩…………少々

小麦粉…………少々

煮汁
- だし汁……300cc
- しょうゆ…大さじ1
- 酒…………小さじ1

① こうや豆腐は、ぬるま湯に20分ほど浸し、2倍ほどの大きさになったら、水気をしぼる。縦半分に切ってから中心に切り込みを入れ、内側に小麦粉を付けておく。

② タマネギ、ニンジンは、みじん切りにする。

③ ボウルにAの材料を全部入れ、よく混ぜる。

④ こうや豆腐に❸を6等分して詰める。

⑤ 鍋に煮汁を入れて煮立て、こうや豆腐を加えたら、落としぶたをして、10分〜15分、弱火でコトコト煮る。

⑥ 器に盛り、できあがり。

コマツナと油揚げの煮びたし

青菜が苦手な子も、
煮びたしにすると
食べやすいようです。

材料

コマツナ………120g
油揚げ…………1/2枚

煮汁
- だし汁……90cc
- しょうゆ…小さじ1強
- 酒………小さじ1/2

1. コマツナはよく洗い、3〜4cmの長さに切って、茎と葉に分ける。
2. 油揚げは、熱湯を回しかけて油抜きをし、7mm幅くらいに切る。
3. 鍋に煮汁を入れ、煮立ったら、油揚げを加える。
4. ❸にコマツナの茎を加え、しんなりしたら葉の部分も加え、サッと煮る。
5. 器に盛り、煮汁をかけ、できあがり。

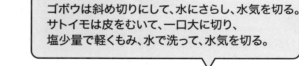

根菜汁

いつもより具だくさんにして、たっぷり作ります。
野菜のうま味を感じ、
昔なつかしい味がします。

材料

ゴボウ……40g　　サトイモ…50g
タマネギ…40g　　だし汁…700cc
ニンジン…40g　　みそ…大さじ1と1/2
大根………50g　　　　　（めやす）

☆だし汁の量は、煮ている間に蒸発するので、多めになっています。

1. 大根とニンジンはイチョウ切りに。タマネギは一口大に切る。ゴボウは斜め切りにして、水にさらし、水気を切る。サトイモは皮をむいて、一口大に切り、塩少量で軽くもみ、水で洗って、水気を切る。
2. 鍋にだし汁を入れて、❶の材料を固いものから加えて煮る。野菜が軟らかくなったら、みそで味をつける
3. 器に盛りつけ、できあがり。

● くわの実保育園

2月のレシピ ③ 体も心もあったかスープ

- イワシだんごのちゅるちゅるスープ …… 春雨大好き
- 青大豆の五目煮 …… 早煮えの青大豆で
- カブとワカメのサラダ …… カブの甘味が好評

＊材料はどれも子ども3人分（またはおとな1人分と子ども1人分）です。

イワシだんごのちゅるちゅるスープ

みんな大好き！ イワシだんご入り。
動物性がダメな子は、レンコンだんごやジャガイモだんごを入れます。

材料

- 大根 …………… 100g
- 春雨 …………… 20g
- イワシのすり身 … 50g
- コンブ ………… 5cm角
- 塩 ……………… 小さじ1/2
- 長ネギ ………… 12g
- ショウガ ……… 少々
- 片栗粉 ………… 小さじ1.5杯
- 水 ……………… 600cc

① 大根は細い千切りにし、春雨は固めにゆでる。

② イワシのすり身はみじん切りのネギとショウガのすりおろし、片栗粉、塩を混ぜてよく練る。

③ 水を張った鍋にコンブを入れておき、火にかけ、大根を入れ軟らかくなるまで煮る。

④ ②を一口大に丸めながら、鍋に落として煮る。

⑤ ゆでた春雨を入れて、塩で味を整える。

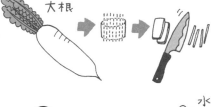

青大豆の五目煮

圧力鍋を使えば、さらに早く煮えます。
豆料理はおとなにも子どもにも人気♪

材料

ニンジン	20g
ゴボウ	20g
こんにゃく（下ゆでしたもの）	50g
コンブ	5cm角
青大豆（塩ゆでしたもの）	70g
しょうゆ	大さじ1
塩	少々

① ニンジン、ゴボウ、こんにゃく、コンブは、7～8mmの角切りにする。

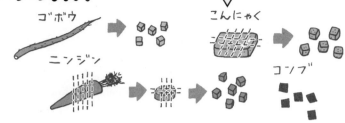

② ①を鍋に入れ、塩と水を入れて煮る。

③ 野菜が軟らかくなったら、青大豆も入れて少し煮て、しょうゆを入れて弱火で煮る。

④ 火を止め、味をなじませる。

カブとワカメのサラダ

カブの甘味と食感が感じられ、それぞれの食材の味のバランスが良いサラダです。

材料

カブ	1個（80gくらい）
塩蔵ワカメ	15g
シュンギク	50g
エリンギ	10g
塩	小さじ1/2
リンゴ酢	小さじ1/2

① カブは半分に切り、薄いクシ切りにする。

② ワカメは水に戻し、塩抜きしてサッと熱湯にくぐらせ、冷水につけ、2cm程度に切る。

③ シュンギクはサッとゆでて、食べやすい大きさに切る。

④ エリンギは塩を振って、厚手の鍋に入れる。弱火で蒸し煮にして、半月切りにする。

⑤ 全部を混ぜ、塩とリンゴ酢で味をつける。

●麦っ子畑保育園

豆づくしのメニュー

2月のレシピ ④

- 大豆ハンバーグ……………………………………豆でハンバーグ
- いり黒豆ご飯………………………………………節分の日の定番メニュー
- お豆とお芋のういろう……………………………混ぜるだけの簡単おやつ

＊材料はどれも子ども3人分（またはおとな1人分と子ども1人分）です。

大豆ハンバーグ

豆の甘さが引き立つ、大豆のみのハンバーグです。
もの足りない方は、半量をひき肉にしてもおいしくいただけます。

材料
- 大豆……………1カップ（150g）
- タマネギ…………20g
- 干しシイタケ……1枚
- ニンジン…………40g
- 塩…………………小さじ1/4
- 片栗粉……………大さじ1
- 梅干し（梅肉）…20g
- チリメンジャコ…10g
- 油…………………適宜

① 大豆は軟らかくゆで、ミキサーかマッシャーでつぶす。少しツブツブ感があると食感が楽しめるので、完全につぶさない。

② タマネギとニンジンはみじん切り、干しシイタケは戻してからみじん切りにして、油で炒めておく。

③ ❶❷をよく合わせて、たたいた梅肉、チリメンジャコ、塩、片栗粉を混ぜる。

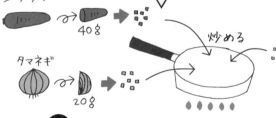

④ 形を作って、油をひいたフライパンで焼いたらできあがり。

☆具の野菜はネギなど、お好みでどうぞ。

いり黒豆ご飯

大豆を煎ることで香ばしさが出て、ご飯の味を引き立てます。

材料
- 米………1カップ
- 黒豆……1/4カップ
- 塩………小さじ1/4
- 梅干し…1コ（20g）

① 黒豆はフライパンで、パチパチはねてくるまで、じっくり煎る。

② 炊飯器に、①、米、塩、たたいた梅干しを入れ、水はいつもの分量より大さじ1杯くらい多めに入れて炊く。

③ 炊きあがったらよく混ぜ、味を整える。

④ 味をみて、薄いようなら塩少々を足す（分量外）。時間に余裕があれば、しばらく置いて味をなじませる。

お豆とお芋のういろう

キントキ豆やウズラ豆などの大きい豆を使いますが、小豆でもおいしくできます。

材料（作りやすい分量。幼児10人分）
- サツマイモ………50g
- 小麦粉……………200g
- テンサイ糖………30g
- 豆乳………………150cc（水や牛乳でもよい）
- 煮たキントキ豆…1カップ

① サツマイモは、キントキ豆より小さめの角切りにしておく。

② サツマイモ・小麦粉・テンサイ糖を入れ、豆乳を入れて混ぜる。

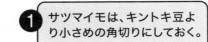

③ ②に煮たキントキ豆を入れて混ぜる。

④ バットなどに③を流して入れ、湯気の上がった蒸し器に入れる。強火でサツマイモに火が通るまで、15～20分くらい蒸す。

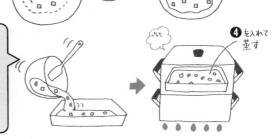

●たんぽぽ保育園

2月のレシピ ⑤ 春を呼ぶ節分の献立

- イワシのコンブ巻き　　　　　　　　　　イワシでカルシウム
- 納豆サラダ　　　　　　　　　　和風ドレッシングでおいしく
- 豆天　　　　　　　　　　　　　　　　よく噛むおやつ

＊材料はどれも子ども3人分（またはおとな1人分と子ども1人分）です。

イワシのコンブ巻き

かんぴょうをわざわざ買わなくても、コンブを止めるのはようじで大丈夫。思い立ったとき、手軽に作れます。

材料
- イワシ………3匹
- ゴボウ………40g
- 早煮コンブ…20cmぐらいの大きさを。×3枚
- Ⓐ
  - 水……………2カップ
  - 酒……………大さじ1.5
  - しょうゆ……大さじ1
  - みりん………大さじ1/2
- ショウガ（スライス）…2～3枚
- 梅干し………………大1個分

❶ イワシは手開きにして、頭と内臓と中骨を取って元に戻す。

❷ 早煮コンブは水につけて戻しておく。

❸ ❶のイワシをコンブでぐるぐる巻き、ようじで3カ所くらい止める。

❹ ゴボウも同様にコンブでぐるぐる巻いて止める。

❺ Ⓐとショウガのスライス、梅干しを鍋に入れ、❸と❹も加えて、クッキングペーパーで落としぶたをして、コンブが軟らかくなるまで煮る。
☆梅干しを入れるので、鍋はアルミ鍋を避けて。

❻ 出来上がったら、食べやすい大きさに切り、ようじをはずす。はずしてもくずれません。

納豆サラダ

目先を変えて、納豆をサラダに!
和風ドレッシングは多めに作っておくと
いろいろ使えて便利です。

材料

納豆	1パック
キャベツ	100g
ニンジン	30g
ホウレンソウ	50g
レンコン	30g
かつお節	適宜
塩	適宜

●和風ドレッシング
　しょうゆ………同量
　酢(カボス)……同量
　油＊…………同量

＊油はナタネ油とゴマ油を半々にすると、また違った味わいになっておいしい。

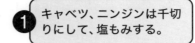

❶ キャベツ、ニンジンは千切りにして、塩もみする。

❷ ホウレンソウはゆでて、適当な長さに切る。

❸ レンコンはイチョウ切りにして、さっとゆでる。

❹ 納豆に、水気をよく切った❶、❷、❸の野菜をあえる。

❺ しょうゆ、酢(カボス)、ナタネ油を1対1対1の割合で混ぜたドレッシングを作り、❹に大さじ1を混ぜて、おかかをふればできあがり。

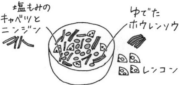

☆野菜は季節のものならなんでもよい。カボスの代わりにユズでもよいです。

豆天

薄く広げて、カリッと揚げてください。
しみじみとしたいい味で、
子どもたちも大好きなおやつです。

材料 (作りやすい分量。幼児10人分)

乾燥大豆………100g(2/3カップ程度)
●生地
　上新粉………120g
　水……………1.5カップ
　塩……………小さじ1/2
　しょうゆ……小さじ2

❶ 大豆と生地の材料をよく混ぜて、ひと晩寝かせる(どろどろの状態)。

❷ 中火で、パリッとするまで油で揚げる。初めは軟らかいが、火が通るとパリッと固くなります。生地だけでもなかなかおいしいです。

☆だんごにならないように、スプーンなどで平べったく薄く延ばして油に入れるのがコツです。

●たんぽぽ保育園

ひなまつりお祝いレシピ

3月のレシピ ①

- 豆腐の松風焼き ……………………… 卵焼き風おやつ
- 鯛めし ……………………………… 深いコクが人気のご飯料理
- ミツバとハマグリの澄まし汁 ………… ひなまつりの定番

＊材料はどれも子ども3人分（またはおとな1人分と子ども1人分）です。

豆腐の松風焼き（まつかぜ）

豆腐、ニンジン、鶏ひき肉、タマネギの
いろんな食感がミックスされています。
ゴマを散らすことで、
香ばしさが出てアクセントになります。

☆付け合わせはブロッコリー

【材料】
- 木綿豆腐……120g
- 鶏ひき肉……75g
- ニンジン……15g
- タマネギ……30g
- A
  - パン粉……9g
  - コンソメ……6g
  - 砂糖……3g
  - 塩……少々
  - 卵……15g
- 白ゴマ……6g
- みりん……少々

❶ ニンジン、タマネギはみじん切りにする。

❷ 豆腐はさっと蒸して水切りし、マッシャーでつぶす。

❸ ボウルに❶と❷とAと鶏ひき肉を入れて混ぜる。

❹ 型にオーブンシートを敷き、オーブンを180度に設定して、予熱する。

❺ ❹に❸を敷き詰め、平らにならして、180度で20分ほど焼く。

20分後

❻ ❺をオーブンから取り出し、表面にみりんをはけで塗り、ゴマをふりかけてオーブンに戻し、180度で3分焼く。

鯛めし

新鮮な鯛で、味わい深いコクがでます。
混ぜご飯の中でもちょっと豪華にアレンジ。

材料

- 米………120g（3/4合強）
- 鯛………30g
- キヌサヤ…10g
- 塩………3g
- コンブ……3g

☆鯛の骨は硬いので、骨を取り除いたか十分に確認する。

① 米を洗って、コンブと塩を入れて炊く。

② 鯛は塩焼きにして、身をほぐしておく。

③ キヌサヤはさっとゆでて、細く切っておく。

④ 炊き上がったご飯に、②と③を入れて混ぜる。

ミツバとハマグリの澄まし汁

ユズやミツバの香りで味が引き立ちます。
旬のカブを入れると、軟らかくてつるりとした食感も楽しめます。

材料

- ハマグリ………3個
- ミツバ…………6g
- カブ……………15g
- ユズの皮………少々
- だし汁…………450cc
- A ┌ 塩…………少々
  │ しょうゆ…小さじ2
  └ みりん……3g

☆タケノコと菜の花、ニンジン、こんにゃくの白みそあえもぜひ添えてください。

① ハマグリは、塩水に浸けて砂抜きをする。

② ミツバ、カブ、ユズの皮を千切りにする。

③ 鍋に、だし汁、ハマグリ、カブを入れ、煮立ったらアクをとり、Aを入れ、ミツバとユズの皮を飾る。

●太陽の子保育園

3月のレシピ ②

芽吹きパワーを活かす

- 黒豆と菜の花のピンク寿司 ……… 黒豆でピンク色に
- サワラのフキみそ焼き ……… ネギとみそのベストミックス
- ミズナと大根のサラダ ……… 大根の甘味が生きる

＊材料はどれも子ども3人分（またはおとな1人分と子ども1人分）です。

黒豆と菜の花のピンク寿司

黒豆から鮮やかなピンク色が出ます。
菜の花を散らしてよりいっそう春らしく。

材料

米……………150g
黒豆…………10g
菜の花………30g
カンピョウ……3g
干しシイタケ……3枚

Ⓐ
- しょうゆ…小さじ1
- みりん……小さじ1/2
- 砂糖………小さじ1/2

Ⓑ
- 酢…………大さじ1
- 砂糖………大さじ2/3
- 塩…………小さじ1/5

❶ 黒豆はよく洗って一晩水に浸ける。干しシイタケも水に浸けて、戻しておく。

❷ カンピョウは水からゆでて戻し、みじん切りにする。干しシイタケは戻し汁をとっておき、薄切りにする。

❸ 菜の花は食べやすい長さにそろえて切って、塩ゆで（塩は分量外）しておく。

❹ ❷を鍋に入れ、Ⓐと干しシイタケの戻し汁を加えて、汁気がなくなるまで煮る。

❺ 炊飯器に研いだ米と黒豆を浸け水ごと入れ、1合の目盛に合わせて水を調節し、炊飯する。

❻ Ⓑを別の鍋でひと煮立ちさせて、すし酢を作る。

❼ ❺の炊けたご飯に❻のすし酢を加えてなじませ、❸❹も加え、うちわなどであおぎ、冷ましながらよく混ぜる。

サワラのフキみそ焼き

ほろ苦いフキノトウとみそがよく合います。
旬のサワラと合わせると栄養も満点。

材料

- サワラ……………小3切れ
- フキノトウ………1個
- A
  - みそ…………小さじ1
  - しょうゆ……小さじ1
  - みりん………小さじ1

① フキみそを作る。フキノトウはよく洗って粗みじん切りにする。Ⓐを合わせ、みじん切りしたフキノトウと混ぜ合わせる。

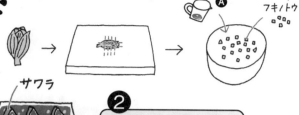

② ❶にサワラの切り身を浸けて、味をなじませる。

③ ❷をオーブンシートを敷いたフライパン、または魚焼きグリルかオーブンで焼く。

ミズナと大根のサラダ

シャキっとした食感を活かした一品。
冬を越した大根の上部は甘く、子どもも食べやすいサラダです。

材料

- ミズナ…………30g
- 大根(上部)……150g
- かつお節………1.5g
- シラス干し……6g
- A
  - 酢…………大さじ1/2
  - 砂糖………小さじ1/2
  - しょうゆ…小さじ1/2
  - ナタネ油…小さじ1

① 千切りにした大根、ミズナをそれぞれ3cmの長さに切りそろえる。

② Ⓐをよく混ぜ合わせて、ドレッシングを作る。

③ ❶にかつお節、シラス干しを加え、❷をかけて混ぜ合わせる。

●わらしこ保育園

3月のレシピ ③

セリと菜の花で春を味わう

- セリとサケのスパゲティ　……　春野菜で体すっきり
- 菜の花とイカの酢みそあえ　……　春らしい酢みその味
- 三色蒸しパン　……　ひな祭りのおやつに

＊材料はどれも子ども3人分（またはおとな1人分と子ども1人分）です。

セリとサケのスパゲティ

セリの食感がおいしさを引き立てます。セリがない場合は、ミツバや春キャベツをさっとゆでたものを入れてください。

材料
- スパゲティ……………75g
- セリ………………21g
- シメジ……………30g
- サケ（甘塩）…………45g
- 塩……………………少々
- 薄口しょうゆ………小さじ1と1/2弱
- 油……………………適宜

① スパゲティは塩を少々入れたたっぷりの湯でゆでる。

② セリは2cmの長さに切る。

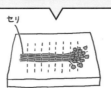

④ シメジは洗って、大きめにザクザクと切る。

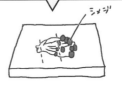

③ サケは、グリルかフライパンで焼いて、ほぐしておく。

⑤ フライパンに薄く油をひいて、シメジ、ほぐしたサケ、ゆでたスパゲティを一緒に炒める。塩、薄口しょうゆで味を調え、最後にセリを入れたら火を止めて、余熱で仕上げる。

☆サケとスパゲティの塩分があるので、塩やしょうゆは加減してください。

菜の花とイカの酢みそあえ

菜の花が食卓に春を届けます。菜の花やワケギが食べにくいようなら、分量を控えめにして、ブロッコリーなどを加えます。

材料

- 菜の花………………105g
- ワケギ…………………45g
- イカ……………………30g
- 塩………………………少々
- 合わせ調味料
  - 三温糖…………小さじ1と1/2
  - 酢………………小さじ1と1/2
  - みそ……………小さじ3

1. 菜の花とワケギは湯に少量の塩を入れた鍋でゆでて、2cmの長さに切る。

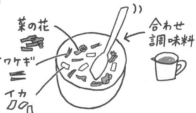

2. イカは、短冊切りにしてゆでる。

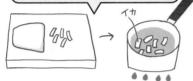

3. ①と②を合わせ、調味料であえる。

三色蒸しパン

ひな祭りのおやつにいかがでしょうか？
色がつく材料を替えれば、
ほかの行事のときも楽しめます。

材料 （約6個）

- ニンジン………………25g
- ホウレンソウ…………20g
- 卵………………………2個
- 三温糖…………………60g
- ナタネ油………………30g
- 小麦粉…………………90g
- ベーキングパウダー＊…1.5g

1. ニンジンはすりおろすか、フードプロセッサーでみじん切りにする。

2. ホウレンソウは、フードプロセッサーでペースト状にする。

3. 卵を溶いて、三温糖とナタネ油をしっかり混ぜる。ベーキングパウダーを混ぜた小麦粉を振るって、さくっと混ぜる。

4. ③の生地を、ニンジン、ホウレンソウペーストを混ぜたものと、何も混ぜないプレーンの3つに分ける。1つのアルミカップに3種類を入れて、15～20分蒸す。

＊ベーキングパウダーは、アルミニウム無添加のものを。

●新金岡センター保育園

3月のレシピ ④ 大好き春メニューごちそうさま

- ショウガ入り炊き込みご飯 ……………… 健康に良いショウガ
- カジキマグロの竜田揚げ 菜の花のあえ物添え …… カジキと油がマッチ
- 春キャベツと豆腐のスープ ………………… おなかにやさしい味

＊材料はどれも子ども3人分（またはおとな1人分と子ども1人分）です。

ショウガ入り炊き込みご飯

ショウガを入れると、子どもたちの食欲が倍増します。旬のキヌサヤを飾って、見た目にもおいしいご飯です。

材料
- 米 …………… 1合
- ニンジン …… 30g
- 油揚げ ……… 30g
- キヌサヤ …… 2～3枚
- ショウガ …… 3g
- 塩 …………… 3g
- しょうゆ …… 5g
- だし汁 ……… 米1合分

❶ 米は洗って、水気を切っておく。

❷ ショウガ、ニンジン、油揚げを千切りにする。

❸ キヌサヤは塩ゆでにして、斜めにスライスしておく。

❹ 炊飯器に米と、❷を入れ、調味料も入れて炊き上げる。

❺ 炊き上がったら器に盛り、キヌサヤを散らす。

カジキマグロの竜田揚げ 菜の花のあえ物添え

現代っ子は、揚げ物が大好き。カジキマグロ*の竜田揚げに、菜の花を添えて、春の彩り盛り。

材料
- カジキマグロ……120g（40g×3切れ）
- しょうゆ………少々
- ショウガ汁……少々
- 片栗粉…………少々
- 菜の花…………30g
- ニンジン………15g
- 春雨……………6g
- しょうゆ………小さじ2
- 砂糖……………小さじ2

1. カジキマグロは一切れを半分に切り、ショウガ汁としょうゆを混ぜた中に浸け込む。

2. 油を熱し、魚に片栗粉をまぶして揚げる（170〜180度）。

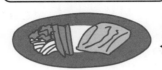  

3. 3等分に切った菜の花、千切りにしたニンジン、春雨をそれぞれゆでて、冷ましておく。

4. しょうゆと砂糖であえて、魚の横に添える。

春キャベツと豆腐のスープ

嬉しい春を告げる軟らかい春キャベツの甘味と豆腐のやさしさが合わさってのスープは、おなかにやさしい味です。

材料
- 春キャベツ……60g
- ニンジン………30g
- 豆腐……………60g
- コーン…………15g
- 塩………………少々
- コショウ………少々
- コンソメ………小1さじ弱

1. 春キャベツはざく切り、ニンジンはイチョウ切り、豆腐は3cm角に切る。

2. ❶を硬い順に鍋で煮て、火が通ったらコーンを入れ、調味料で味付けをする。

●太陽の子保育園

3月のレシピ ⑤ 卒園児のナンバー1リクエストメニュー

- 回転寿司 ……………………………… 子どもがお皿を持って回ります
- 菜の花ギョーザ ……………………………… 肉なしでもおいしい
- ひな祭りの茶巾あん ……………………………… 子どもと作るおやつ

＊材料はどれも子ども3人分（またはおとな1人分と子ども1人分）です。

回転寿司

お皿を持ってテーブルの回りを回るのは子ども。
のり巻き以外は酢飯を一口大に握り、
それぞれの種をのせます。

材料

酢飯
- 米 ……… 1合
- コンブ … 2cm
- 米酢 …… 大さじ1〜1.5
- 塩 ……… ひとつまみ

- 大根 ……………………………… 薄切り3枚
- こんにゃく ……………………… 薄切り3枚
- ニンジン ………………………… 少々
- ネギ ……………………………… 5cm
- いわし節 ………………………… ふたつまみ
- 納豆 ……………………………… 小さじ3
- 野沢菜漬け ……………………… 葉の部分3枚
- ニンジン、ブロッコリー ……… 適宜
- しょうゆ、塩、ノリ …………… 適宜

① 酢飯の作り方

コンブを入れ、少なめの水加減でご飯を炊く。米酢と塩を合わせる。

ご飯が炊きあがったら、熱いうちに合わせ酢をさっと混ぜる。

☆酢飯に砂糖を使わないので、酸味は控えめです。

② 大根梅酢漬け
薄切りにした大根に塩を少々まぶして、水気を軽く切り、梅酢少々であえる。

③ イカ風こんにゃく
下ゆでしたこんにゃくをコンブだしと塩少々で軽く煮て、冷ましながら味を含ませる。

④ ネギとイワシ節軍艦巻き
みじん切りのネギといわし節に、しょうゆを加えてあえる。

⑤ 納豆軍艦巻き
納豆にみじん切りのネギを加えて、しょうゆで味付け

⑥ 野沢菜巻き
野沢菜漬けの葉の部分だけを切り分けて包む。

⑦ のり巻き
すりおろしたニンジンとブロッコリーを別々に焦げないようにさっと煮て、塩少々で味を付ける。それぞれを酢飯に混ぜてのりで小さく巻き、さらに酢飯を合わせ、花模様を作って巻く。

菜の花ギョーザ

ギョーザに菜の花を入れました。
みそと片栗粉でうま味たっぷりの水ギョーザ。
麦っ子のギョーザはお肉を使いません。

【材料】
- ハクサイまたはキャベツ…2枚
- ネギ………………少々
- 菜の花……………1本
- ショウガ…………少々
- 塩…………………ひとつまみ（少なめ）
- みそ………………ひとつまみ分（少なめ）
- 片栗粉……………ひとつまみ（多目）
- ギョーザの皮（厚手）…6枚

❶ 菜の花を軽く湯通しする。

❷ ショウガは、すりおろし。ほかの野菜は粗みじんに切る。

❸ ショウガ以外の野菜を混ぜ、塩をまぶす（子どもが包むときは軽く水分を切る）。

❹ ❸にショウガとみそを入れて混ぜ、味が薄いようなら調味料を足す。

❺ ❹に片栗粉を入れて混ぜ、皮で包む（皮の口をきっちり止める）。

❻ 鍋にお湯を沸かし（分量外）、ゆでる。ギョーザが浮いて、泳いだらできあがり。

ひな祭りの茶巾あん

ほんのり紅くした皮に、
甘さ控えめのあんこを包んだ特別なおやつ。
子どもと作ると楽しい。

【材料】
- 上新粉………80g
- あんこ*1……80g
- 干し柿………少々
- 黒米の煮汁*2…大さじ1
- 塩……………少々

❶ 上新粉に塩を混ぜ、黒米の煮汁を少しずつ入れながら、軟らかめに練ってひとまとめにする。

❷ 蒸し器に蒸し布を敷いて、❶を蒸す。

❸ 火が通ったら、すりこぎでついてなじませ、手でこねて3等分にする。

❹ 平たく丸く伸ばし、あんこを乗せて包む。

❺ 干し柿を刻んだものを飾る。

*1 あんこは市販の物ではなく、小豆から煮ます。500gの小豆に砂糖を入れず、デーツ（ナツメヤシの実）100gを刻んで入れ塩を強くした塩あんに。好みでデーツを増やす。小分けにして冷凍すると日もちします。
*2 黒米を多めの水分で軟らかくなるまで煮たときの汁。少し入れると桜色に。

☆ 茶巾の中には、サツマイモやカボチャのあんを入れてもよい。

● 麦っ子畑保育園

4月のレシピ ①　旬の海の幸と山の幸で

- アサリと豆腐のうま煮 …………… アサリのうま味いっぱい
- ニンジンフライ …………………… おやつにもおすすめ
- 茎ワカメのサラダ ………………… 海のエキスを味わう

＊材料はどれも子ども3人分（またはおとな1人分と子ども1人分）です。

アサリと豆腐のうま煮

豆腐、キヌサヤと合わせましたが、
軟らかい新キャベツでもおいしい。
アサリは煮込み過ぎに注意。

材料

アサリ……200g（砂出ししたもの）
豆腐………250g
ネギ………1/2本（50gくらい）
キヌサヤ…10g

Ⓐ
- だし汁……3/4カップ（水でもよい）
- 酒…………大さじ1
- しょうゆ…小さじ1
- みりん……小さじ1

❶ アサリは殻をこすり合わせてよく洗う。

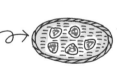

❷ 豆腐は1cm角に切る。
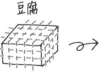

❸ ネギは斜めに薄く切り、キヌサヤはすじを取ってから半分に切る。

❹ 鍋にⒶを入れて、煮立ったらアサリ、豆腐、ネギを入れて煮る。

❺ 貝が開いたらキヌサヤを入れて、火を止める。

☆しょうゆは、アサリの塩分があるので、味見して好みで足す。

ニンジンフライ

ニンジンが甘くておいしく変身。おやつにもおすすめです。
物足りない方は軽く塩を振って味わってください。
間引いた小さいニンジンなら丸ごとフライにしても。

材料
- ニンジン……………100g
- 地粉(国産小麦粉)…50g
- 水……80ccぐらい　パン粉……適宜
- ナタネ油……………適宜

① ニンジンは半分に切って、たて4等分(スティック状)に切る。

② 地粉と水を合わせて衣を作る。ホットケーキのタネくらいのゆるさにする。

③ ニンジンは②の衣につけてからパン粉をつける。

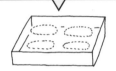

④ 180度の油でカラリと揚げる。

☆食べるときに好みで塩を振る。

茎ワカメのサラダ

海藻も今が旬。茎ワカメはコリコリがおいしい食感。
大根おろしドレッシングとあえてみました。

材料
- 茎ワカメ*………150g
- ニンジン…………30g
- キャベツ…………60g
- チリメンジャコ…10g
- ゴマ油……………大さじ1/2

●おろしドレッシング
(作りやすい分量)
- 大根おろし……100g
- 酢………………大さじ1
- しょうゆ………大さじ1
- ナタネ油………大さじ1

① 茎ワカメは塩分をよく抜き、ゴマ油少々で炒める。さっとゆでてもよい。

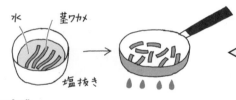

② ニンジンは千切りにしてさっとゆでる。キャベツは千切りしてから塩もみしてしぼる。

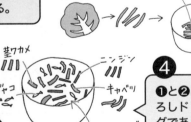

③ ジャコはゴマ油でカリカリに炒めておく。

④ ①と②と③をおろしドレッシングであえる。(大さじ1～2ぐらいで)

*茎ワカメはワカメの芯の部分。食物繊維が豊富。

▼おろしドレッシング
大根おろし100gは軽く水を切って、酢、しょうゆ、ナタネ油を混ぜる。
おろしドレッシングはさっぱりと食べられます。
野菜だけではなく、魚(焼き魚、蒸し魚)などにかけてもおいしい。

●たんぽぽ保育園

春風にのって届く旬の食材

4月のレシピ②

- サワラの焼き南蛮 …………… カボスの酸味でさっぱり
- 菜花の白あえ …………… 苦味と甘さが人気
- きなこと豆腐のスコーン …………… 滋味たっぷりのお菓子

＊材料はどれも子ども3人分（またはおとな1人分と子ども1人分）です。

サワラの焼き南蛮

春の訪れを告げるサワラ。
煮ても焼いてもおいしい魚。
焼き南蛮にすると、あっさりといただけます。
おとな向けには、つけ汁にトウガラシを入れます。

材料

サワラ…………3切れ
タマネギ………50g
ニンジン………40g
米粉……………適宜
ナタネ油………適宜
●つけ汁
　しょうゆ………20cc　みりん………20cc
　カボスの搾り汁（米酢でもよい）………20cc
　だし汁………10cc

❶ タマネギはスライス、ニンジンは千切りにして、さっとゆでておく。

❷ つけ汁を作る。みりんは火にかけて煮切り、しょうゆ、だし汁、カボスの搾り汁と❶を混ぜる

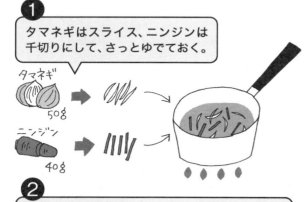

❸ サワラに米粉を軽く付けて、油をひいたフライパンで両面を焼く。

❹ 火が通ったら、❷のつけ汁に漬ける。

☆ つけ汁は多めに作っておくと、ポン酢として使えて便利です。

出来上がり

菜花の白あえ

菜花の苦味は春の味。
リンゴを入れて食べやすくしました。
緑の色が鮮やかな白あえです。

【材料】
- 菜花………150g
- 豆腐………100g
- リンゴ……1/6個
- 白みそ……大さじ1弱
- 梅肉………1個分(20gくらい)
- すりゴマ…適宜

① 菜花は、色鮮やかにゆで、2cmくらいの長さに切る。

② リンゴは皮付きのまま千切りにして、塩水にさっとくぐらせておく。

③ 豆腐はしっかり水切りし、みそ、たたいた梅肉、ゴマを混ぜ、よくつぶしてあえ衣を作る。

④ すべてを混ぜたら出来上がり。

きなこと豆腐のスコーン

かみしめると、ゴマときなこのやさしい味。
地味ですが、滋味があります。
はじめての手作りおやつにどうぞ。

【材料】(子ども5人分)
- 地粉*………100g
- きなこ………20g
- 豆腐…………100g
- キビ砂糖……大さじ1
- ナタネ油……大さじ1
- 重曹…………小さじ1/2
- 酢……………小さじ1/2
- 黒ゴマ………大さじ1
- 塩……………ひとつまみ

*国産小麦粉。

① 豆腐は、水切りしてよくつぶしておく。

② 地粉、きなこ、重曹を合わせてから豆腐に混ぜる。ナタネ油、キビ砂糖、塩、酢、黒ゴマを混ぜる(初めはパサパサしても、よくこねると豆腐の水でなじむ。水分が足りなければ、水を少々加える)。

③ 好みの形を作って、170～180度のオーブンで15～20分焼いたら出来上がり。

●たんぽぽ保育園

4月のレシピ ③ 納豆パワーを子どもたちに

- 納豆のボール揚げ……………………納豆のネバネバが消える
- 納豆チャーハン………………………納豆苦手な子も喜ぶ
- マカロニサラダ………………………春キャベツがおいしい

＊材料はどれも子ども3人分（またはおとな1人分と子ども1人分）です。

納豆のボール揚げ

納豆のネバネバは揚げると扱いやすく、納豆嫌いな子どもでも食べられます。

材料

納豆	1パック（50g）
	＊しょうゆを小さじ1/2混ぜる
ひき肉	50g
ネギ	1本
ニンジン	1cm（半月）
乾燥ヒジキ	大さじ1/2
小麦粉	1/2カップ
卵	1/2個
水	40cc
塩	ひとつまみ

☆ 納豆は発酵食品なので消化吸収がよく、冷凍保存が出来、忙しいお母さんたちのお助け食材です。

❶ 乾燥ヒジキは湯で戻し、ネギやニンジンを細かく切っておく。

❷ 小麦粉と卵と水を天ぷらの衣より少し硬めに溶いておく。

❸ ❷に納豆・ひき肉・❶の具材を混ぜる。

❹ スプーンですくって揚げる（油は多くなくてもよい）。

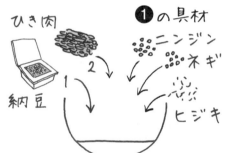

納豆チャーハン

漬物のうま味と塩分でしっかり味がつくので、
塩は控えめに使います。

材料

納豆	小2カップ
青菜の漬物（野沢菜・水菜）	70g
（生のコマツナに塩をしたものでもよい）	
ご飯	茶わん3杯（500g）
ニンジン	2cm
卵	1個
塩	少々
いりゴマ	大さじ1
しょうゆ	大さじ1
ゴマ油	大さじ1

① 卵に塩少々を入れ、ゴマ油で炒り卵を作っておく。

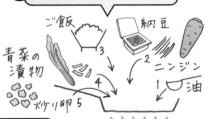

② 青菜の漬物は刻んでおく。

③ フライパンに油を入れ、千切りニンジン、納豆をさっと炒め、その中に温かいご飯を入れ炒める。次に漬物を加え、炒り卵も加える。出来上がりにしょうゆを回しかけて香ばしくする。

④ お皿に盛って、いりゴマをぱらぱらとふる。

マカロニサラダ

軟らかい春キャベツが出回っています。
2食分作りおきできます。
キャベツとマカロニで、
春の色と香りを楽しみましょう。

材料

マカロニ	25g	マヨネーズ	大さじ2
ロースハム	1枚	サラダ油	大さじ1/2
春キャベツ	50g	酢	大さじ1/2
ニンジン	1cm（半月）	塩	ひとつまみ
キュウリ	1/4本		

① マカロニは軟らかめにゆでておく。

② ロースハムはやや太めの千切りにし、炒めておく。（炒めるとおいしくなる）

③ キャベツは千切りに、ニンジンは薄くスライスしてからロースハムと同じぐらいに千切りにして塩をしておく。キュウリは輪切りにして塩をしてもんでおく。

④ ボウルにマヨネーズ、サラダ油、酢、塩を入れて混ぜ、ロースハム、マカロニをあえた後、野菜の水気をしぼって（洗わないで）混ぜ合わせる。

●朱い実保育園

4月のレシピ ④

アレルギーの子にも安心メニュー

- ポテトのキャベツ巻き　……春キャベツで一品
- ニラ丼　……生ニラが意外に人気
- ニンジンの白あえ　……自然のやさしい甘味

＊材料はどれも子ども3人分（またはおとな1人分と子ども1人分）です。

ポテトのキャベツ巻き

ブロッコリーソースが、ポテトの味をひきたてます。
盛りつけると、とてもきれい。

材料
- ジャガイモ……120g
- キャベツ……葉3枚
- タマネギ……10g
- 塩……2つまみ

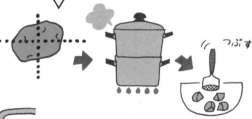

① ジャガイモは4等分してやわらかく蒸し、皮を取りつぶしておく。

② タマネギはみじん切りにして、水にさらしてから、水気を切る。

③ キャベツは軽く蒸して、冷ましておく。

④ ①に水を切った②を入れ、塩を足して混ぜる。

⑤ ④を半分にして丸め、③のキャベツで巻く。

⑥ 3等分に切って、ブロッコリーソースをかける。

ブロッコリーソース

材料
- ブロッコリー……1房
- 油（オリーブオイル）……小さじ1/3
- リンゴ酢……小さじ1/3
- 水……大さじ1
- 塩……2つまみ

作り方
① ブロッコリーをやわらかくゆでる。
② 調味料を混ぜ、つぶしたブロッコリーを入れる。

ニラ丼

春先のやわらかいニラを、生でいただきます。
強い香りもイワシ節と合わせることでうま味になります。
子どもたちにも人気です！

材料

ニラ······························30g
イワシ節（かつお節でも可）···········大さじ山盛り1（3g）
しょうゆ＊··························大さじ1/2
ご飯（黒紫米または赤米・ヒエ、白米）··· 適宜
＊大豆アレルギーの子は雑穀しょうゆで代用。

❶ ニラは細かく刻んで、ボウルに入れる。

❷ ❶にイワシ節、しょうゆを加えてあえる。

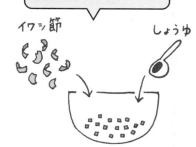

❸ ご飯にかける。

ニンジンの白あえ

白あえの具に鮮やかな色のニンジンを使うと
お皿に花が咲いたようにきれいです。
砂糖は入れません。

材料

豆腐（木綿）··········1/3丁
ニンジン················80g
すりゴマ（白）········大さじ1
塩······················2つまみ
アワまたはヒエみそ···小さじ1/3

☆ワカメや野菜のみそ汁を添えます。

❶ ニンジンは千切りにする。

❷ 厚手の鍋にニンジン、塩1つまみ、水小さじ1を入れて、ふたをし、弱火にかけ、蒸し煮にする。

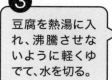

❸ 豆腐を熱湯に入れ、沸騰させないように軽くゆでて、水を切る。

❹ 豆腐をつぶし、すりゴマ、みそ、残りの塩を入れて混ぜ、ニンジンとあえる。

●麦っ子畑保育園

4月のレシピ ⑤ 野菜のハーモニーを楽しむ

- ニンジンご飯 …………………… ニンジンの葉っぱも使います
- 豆腐ハンバーグきのこソースのせ …… レンコンのシャキシャキバーグ
- キャベツとビーフンのサラダ ………… おすすめ変わりサラダ

＊材料はどれも子ども3人分（またはおとな1人分と子ども1人分）です。

ニンジンご飯

春の香りのニンジンと、その葉っぱを混ぜたご飯は、
香りがよく、彩りもきれいなので、
子どもたちのおかわりもすすみます。

材料
- 白米…………………1.5合
- 黒紫米………………大さじ2/3
- ニンジン……………50g
- ニンジン葉…………15g
- 塩……………………小さじ1/2

❶ 米をといで普通の水加減にする。

❷ 黒紫米を洗って入れる。

黒紫米を洗う

❸ みじん切りにしたニンジンと塩を入れて炊く。

ニンジン　塩

❹ さっとゆでたニンジンの葉を刻んで、炊きあがったご飯に混ぜる。

豆腐ハンバーグ きのこソースのせ

肉や魚を使わなくても、満足感のあるおかずです。
レンコンを粗くおろすことで、シャキシャキとした食感も楽しめます。

材料

もめん豆腐……140g
レンコン……45g
タマネギ……25g
片栗粉………小さじ3.5
塩……………小さじ1/3
パン粉………15g
油……………適宜

きのこソース
シメジ
エリンギ　各15g
エノキダケ
塩………少々
片栗粉…小さじ1/2

① レンコンは鬼おろし（粗くおろせるおろし器）でおろす。

② タマネギはみじん切りする。

③ ボウルに豆腐を入れてくずし、①と②と油以外の調味料を全部入れてこねる。

④ ③を6等分して丸め、フライパンに薄く油をひき、中火で両面に焦げ目がつくまで焼き、少量の水を入れてフタをして蒸し焼きにする。

⑤ きのこソースの材料を細かく切って鍋に入れ、塩をふり弱火で蒸らし炒めする。水溶き片栗粉を入れて、とろみがついたら火からおろし、④のハンバーグにかける。

キャベツとビーフンのサラダ

春キャベツの甘さと、ビーフンの軽さがよく合う一品。
ワカメを入れてもおいしいです。

材料

キャベツ……………2枚（約120g）
ビーフン……………10g
ブロッコリースプラウト＊…少々
＊ブロッコリーの新芽。

リンゴ酢…小さじ1/2
塩…………少々

① キャベツは細かめのザク切りにする。

② ビーフンは熱湯で10分戻し、水にさらしてから短めに切る。

③ スプラウトも短めに切っておく。

④ 全部を合わせ、リンゴ酢と塩で味をととのえる。

●麦っ子畑保育園

5月のレシピ ①

子どもと作る旬のご飯

- タケノコご飯 ……………………… 春の定番の炊き込みご飯
- 生(なま)り節とフキの煮物 ……… 海と山の幸を一緒にいただきます
- 回鍋肉(ホイコーロー)風 ………… 春キャベツを中華風に

＊材料はどれも子ども3人分（またはおとな1人分と子ども1人分）です。

タケノコご飯

材料

- 米 …………… 1合
- タケノコ …… 50g
- 油揚げ ……… 1/4枚
- ニンジン …… 1.5cm
- A
  - だし汁 ………… 1カップ
  - 酒 ……………… 大さじ1/2
  - 薄口しょうゆ … 大さじ1/2
  - みりん ………… 大さじ1/4
  - 塩 ……………… 少々

❶ 米は研いでざるに上げ、水を切る。

❷ タケノコは2〜3cm大のイチョウ切り、油揚げは油抜き＊して、縦半分に切って薄切りに、ニンジンは短冊に切る。

＊油抜き……油揚げ、生揚げ、さつま揚げなど素揚げしたものを煮る前に湯の中に入れたり、熱湯をかけたりして、表面の油を落とすことをいいます。

❸ 炊飯器に米とⒶを入れて混ぜ、❷の具をのせてたく。

生り節とフキの煮物

カツオは春から初夏が旬の魚。
初カツオを味わえない地方でも、
生り節で旬を味わえます。

材料
- 生り節……… 90g
- フキ………… 50g
- 薄口しょうゆ… 大さじ3
- みりん……… 大さじ2
- 水…………… 1カップ

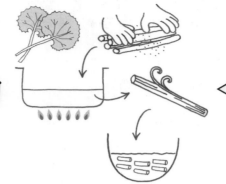

❶ フキは塩をふりかけて板ずりしてからゆで、水にさらして皮をむき、4〜5cmに切りそろえて水につけておく。

❷ 鍋に調味料を入れ煮たてたら、生り節を入れて煮る。

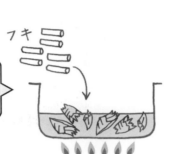

❸ 残り汁にフキを入れてさっと煮る。その後煮汁に浸けておき、盛りつける。

回鍋肉風（ホイコーロー）

家にある調味料でさっと作れる回鍋肉です。
軟らかくて生食向きの春キャベツは、
さっと炒めて歯ざわりを楽しみましょう。
子どもはキャベツをちぎるお手伝いが大好きです。

材料
- 豚肉………… 100g
- Ⓐ
  - 酒………… 大さじ1/2
  - しょうゆ… 大さじ1/2
  - 油………… 適量
  - キャベツ… 150g
  - ピーマン… 1個
- Ⓑ
  - みそ・砂糖・酒・みりん・水… 各大さじ1
  - 片栗粉……… 小さじ1

❶ 豚肉はⒶに15分ほどつけておく。

❷ キャベツ、ピーマンを一口大に切る（手でちぎっても良い）。

❸ フライパンに油を熱し、❶を炒め、火が通ってきたら❷を加えてさっと炒め、Ⓑの調味料を合わせて、加えて仕上げる。

●信愛保育園

5月のレシピ ②

子どもに大人気 梅みその味

- 魚の梅みそ焼き……………………………梅みそ味でさっぱりと
- おからのかやくご飯………………………豆腐の香りがします
- 青梅で作る梅みそ…………………………万能調味料です

＊材料はどれも子ども3人分（またはおとな1人分と子ども1人分）です。

魚の梅みそ焼き

子どもたちの好きな魚メニューです。
梅干しをゴマに変えれば「ゴマみそ焼き」にもなります。

材料

魚…………40g×3切れ
┌みそ………10g
│砂糖………3g（小さじ1）
└みりん……3g（小さじ1/2）
梅干し………1個

＊季節の魚　サケ、サワラ、ブリ、カジキマグロなど、どんな魚にも応用がきくメニューです。

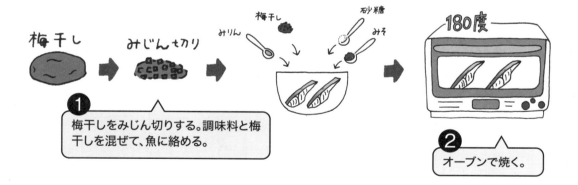

❶ 梅干しをみじん切りする。調味料と梅干しを混ぜて、魚に絡める。

❷ オーブンで焼く。

添える野菜

タケノコのおかか煮

タケノコを食べやすい大きさに切り、だし汁に入れ、火にかける。
沸騰したら、みりん、しょうゆで味付けし、最後に花かつおをかけて火を止める。

おからのかやくご飯

おからは、煮物やハンバーグによく使っています。炊き込みご飯に入れてみると、具だくさんのかやくご飯になります。

材料

- 米………………1合
- おから………1/2カップ
- 干しヒジキ…3g
- ニンジン……15g
- ゴボウ………10g
- 油揚げ………10g
- コンブ………5cm
- 塩………………2.5g
- しょうゆ……小さじ1
- みりん………小さじ1

① お米を洗って、2割ほど多めの水に30分以上つけておく。

② ヒジキは水で戻し、ニンジン、油揚げは細かく切っておく。ゴボウはささがきする。

③ 具と調味料を入れて炊く。

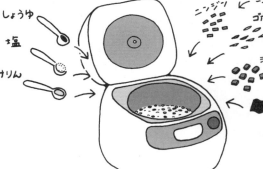

青梅で作る梅みそ

魚や肉に絡めて焼いても良し。
サラダのドレッシングや焼きナスにも合います。

材料（作りやすい分量）

青梅……1kg　氷砂糖…1kg　みそ……1kg

① 青梅を洗って乾かし、爪楊枝で枝の付け根と汚れをとる。

② 消毒した容器に、青梅、氷砂糖、みその順に1/3量ずつ入れる。くりかえす（3層になる）。2～3週間して梅がシワシワになってきたら、取り出す。梅みその完成。

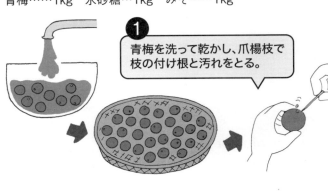
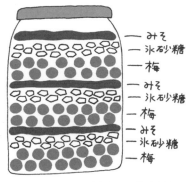

●杉の子保育園

5月のレシピ ③ 軟らかい春キャベツを味わう

- おからハンバーグ……………………………鶏肉におからをプラス
- キャベツの甘酢あえ…………………………春キャベツをおいしく
- 春キャベツと切干し大根のブイヨン煮……和の食材に洋風味つけ

＊材料はどれも子ども3人分（またはおとな1人分と子ども1人分）です。

おからハンバーグ

おからとヒジキが入ってとてもヘルシー。おからを豆腐1/2丁と置き換えて作ると、より軟らかい食感になります。

材料
- 鶏ひき肉……120g
- おから………90g
- メヒジキ……3g（スプーン1杯）
- タマネギ……1/2個
- 片栗粉………大さじ1
- ナタネ油……適量
- A
  - みそ………小さじ1
  - しょうゆ…小さじ1
  - みりん……小さじ3

① ヒジキは軟らかくなるまで水で戻し、水気を切る。

② タマネギはみじん切りにして油で炒め、冷ましておく。

③ ボウルに①と②、鶏ひき肉、おから、片栗粉、Ⓐの調味料を入れてよくこねる。

④ ハンバーグ型に丸め、油をひいたフライパンで両面をこんがり焼く。

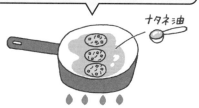

キャベツの甘酢あえ

浅漬けに手作りの甘酢をあえてアレンジ。
春キャベツは芯まで軟らかく、おいしい。

【材料】
- 春キャベツ……………90g
- ミズナ…………………60g
- カットワカメ（乾）…1.5g
- メカブ…………………15g
- トマト……………彩り程度
- A
  - 米酢……小さじ1強
  - 砂糖……小さじ1
  - 塩………小さじ1/5

① キャベツは千切り、ミズナは長さをそろえて切る。それぞれを塩もみし（分量外）、1度軽く水洗いして水気をしぼる。

② カットワカメは水で戻して、水気を切る。彩りのトマトは角切りにする。

③ Aをひと煮立ちさせて、甘酢を作る。

④ ①と②、メカブを合わせ、③で調味する。

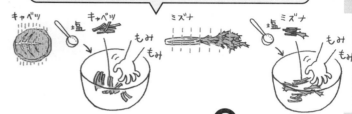

春キャベツと切干し大根のブイヨン煮

切干し大根は和食に使われますが、洋風の味付けもよく合います。

【材料】
- 春キャベツ………………90g
- 切干し大根………………9g
- ヒヨコマメ………………15g
- タマネギ…………………1/2個
- ニンジン…………………5cm分
- ナタネ油…………………適量
- 酒…………………小さじ1強
- 塩…………………………少々
- ベジタブルブイヨン*…1.5g

*ベジタブルブイヨン：野菜のみで作られた化学調味料不使用のスープの素。

① 前日から水に浸しておいたヒヨコマメを、軟らかくなるまでゆでる。切干し大根は水で戻してしぼる。キャベツはざく切り、ニンジンは短冊切り、タマネギはスライスにする。

② 油を入れて熱した鍋で、タマネギ、ニンジン、キャベツを炒め、①の切干し大根とヒヨコマメを加える。

③ ②に酒とベジタブルブイヨンを入れ、ひたひたの水を入れる。野菜が軟らかくなるまで煮込み、塩で調味する。

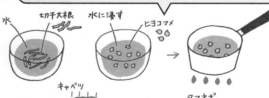

●わらしこ保育園

5月のレシピ ④ 魚と大豆で大きくな〜れ

- サワラのあんかけ……………………… あんかけで食べやすく
- 大豆サラダ…………………………… 大豆を入れたボリュームサラダ
- 離乳食のこいのぼりランチ………… 赤ちゃんにもお祝いメニュー

＊材料はどれも子ども3人分（またはおとな1人分と子ども1人分）です。

サワラのあんかけ

魚と野菜が一緒にとれるバランスが良いレシピです。

材料
- サワラ…………150g
- ニンジン………18g
- タマネギ………30g
- ピーマン………15g
- アスパラガス……18g
- タケノコ………30g
- ミニトマト………3個
- カツオだし汁……60cc
- 油………………適量
- 薄口しょうゆ……3cc
- 濃口しょうゆ……3cc
- 片栗粉…………小さじ1/2
- 塩………………適宜

① サワラは1切れ50gに切り、塩をしてオーブンで焼く。

② ニンジン、ピーマン、タマネギは千切りにする。

③ タケノコとアスパラはゆがいて千切りにする。

④ かつおだしを作る。

⑤ 鍋を熱して油を入れて、ニンジン、タマネギ、タケノコを炒める。

⑥ ⑤にかつおのだし汁を入れて薄口、濃口しょうゆで味をつける。最後に水溶き片栗粉でとろみをつけ、ピーマンとアスパラを加える。

⑦ お皿に焼いたサワラをのせ、上から⑥を加え、ミニトマトを添える。

☆ シイタケやモヤシなど、野菜はいろいろと変えてアレンジできます。タマネギやニンジンが多いと甘く仕上がります。

大豆サラダ

大豆で栄養たっぷりの、腹もちの良いサラダ。

材料
- 水にひと晩浸けた大豆……45g
- レタス……30g
- キュウリ……15g
- ちくわ……15g
- ミニトマト…3個
- 酢……大さじ2
- 塩……ひとつまみ
- 日本酒……適宜

1 大豆はひと晩水に浸し、ゆっくりあくを取りながら、軟らかくなるまで煮る。

2 レタスは2cm色紙切り、キュウリは板ずりして薄く輪切りにする。ミニトマトは1/4〜1/2に切る。

3 ちくわは輪切りにして、大豆と一緒に日本酒で煮る。

☆日本酒は大豆の甘味を引き出します。料理酒ではなく、残った日本酒を使うと、いっそうおいしい大豆のサラダになります。お酒は煮立てることでアルコールが飛びます。

4 ❷と❸の具材を合わせて、酢と塩で味を付ける。

離乳食のこいのぼりランチ

こうや豆腐の含め煮と各種野菜の軟らか含め煮。手づかみで食べられる生後10カ月前後の子どもたちの栄養献立。

材料
- こうや豆腐……1/3枚
- コンブだし……1/2カップ
- 薄口しょうゆ…小さじ1/2
- 三温糖………小さじ1/2
- キュウリ………1/8本
- ニンジン………1cmの輪切り
- サツマイモ……1cmのイチョウ切り
- 大根…………15g
- ホウレンソウ…15g
- シラス干し……適宜
- 焼きノリ………適宜

1 こうや豆腐は水で戻し、軽く絞って3等分する。

2 だし汁に各調味料を入れ、ひと煮立ちさせて、こうや豆腐に味を含ませる。

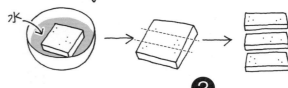

4 最後にしっぽの部分に切り込みを入れ、小さく切った焼きノリで目を付ける。

3 ニンジンと大根は、それぞれコンブのだし汁と薄口しょうゆで軟らかくなるまで煮る。サツマイモはコンブだしで煮る。キュウリは細長く切る。ホウレンソウの葉先は、軟らかくゆでて刻み、熱湯をかけたシラス干しを少量混ぜる。

キュウリを支柱に見立て、上にニンジンを置く

☆野菜の形態や味付けは、離乳の進み具合に合わせます。

●新金岡センター保育園

端午の節句を楽しむ

5月のレシピ ⑤

- こいのぼりご飯 ……………………… たくましく育つように
- ワカメのてんぷら …………………… 新ワカメを味わう一品
- こいのぼりクッキー ………………… 親子のコイに大喜び

＊材料はどれも子ども3人分（またはおとな1人分と子ども1人分）です。

こいのぼりご飯

ノリ1枚で2個できます（保育園などで人数分作る場合も大丈夫）。ご飯の量で大きさを変えることができるので、子どもたちの食べる量に合わせて作ってください。

材料

- 焼きノリ……………… 1枚
- ご飯…………………… 150g ぐらい
  - ご飯は、チキンライス、サケご飯など、好きな味付けに。
- ◎飾りの目用
  - ニンジン（丸くくり抜き、薄切り）
  - 新ゴボウ（細いものを薄切り）
  - レーズン（少しお湯でふやかす）など適宜。

❶ ノリの上にご飯をのせる。両端がしっぽになるので、残しておく。

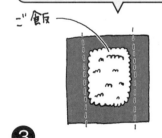

❷ ノリの端に水をつけて、ぐるぐる巻く。

❸ 巻いたら、ご飯が入っていない部分にはさみを入れて、しっぽの形に切る。真ん中を包丁で切れば、胴体の出来上がり。

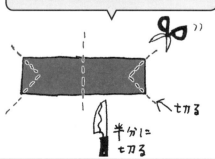

❹ 丸く切ったニンジン、ゴボウ、レーズンの目をのせたら出来上がり。

☆ ご飯をちょっと押して平らにしたら、具がのせやすい。

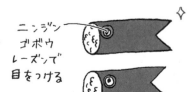

ワカメのてんぷら

海藻類は春が旬です。大分では、この時季になると、新ワカメや茎ワカメが店頭に並びます。さっとゆでるときれいな緑に。歯ごたえのあるおいしいとれたての生ワカメを、旬の新タマネギや新ニンジンと合わせて、てんぷらにしてみました。

材料

- 生ワカメ……………………80g
  (なければ塩蔵でもカットワカメでもよい)
- チリメンジャコ……………20g
- ニンジン……………………40g
- 新タマネギ…………………30g 程度
- 地粉（国産小麦粉）………50g
- 水……………………………50cc
- 油……………………………適宜

❶ ワカメはざくざく切る。ニンジンは千切り、タマネギは薄切り。

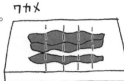

❷ ❶を混ぜ合わせ、チリメンジャコも入れる。

❸ 地粉を全体にまぶしてから、水を入れてさっくり混ぜ、油で揚げる。

❹ 揚げはじめは低温で、最後に高温にしてカラッと揚げる。

☆ 味付け：塩を少々。酢じょうゆも合う。
（油を多めにフライパンに入れて、揚げ焼きにしてもよい）

こいのぼりクッキー

サイズを変えて作ると、まごい、ひごいができるので、子どもたちも大喜び。作り方のコツは、生地をはじめに長方形にのばして、こいのぼり型の原型を包丁で切ってしまうとカンタンです。

材料（作りやすい分量）

Ⓐ白い生地・Ⓑココア生地とも分量は同じ
- 地粉＊……………………200g
- てんさい糖………………50g
- ナタネ油…………………50g
- 水（牛乳、豆乳も可）…50cc

（ココア生地には、ココア大さじ2を加える）

＊ 粉の質によって水の量が変わるので、混ぜながら加減してください。

❶ ⒶⒷの生地をそれぞれ作る。地粉とてんさい糖を混ぜ、油を先に入れてさっくり混ぜる。その後水を入れ、こねずさっくりまぜる。のして、たたんで、のして、たたんでをくり返すと、サクッと仕上がる。

❷ こいのぼり型に切って、しっぽの部分に包丁で切りこみを入れる。胴体にフォークでウロコのように刺す。

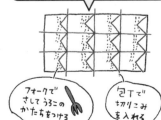

❸ こいのぼりの体が白のときは、目をココア、体がココアのときは、目を白に変えて、目を付ける。

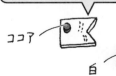

❹ 180度のオーブンで15分ぐらい焼く。

● たんぽぽ保育園

梅雨を乗り切るメニュー

6月のレシピ ①

- サケのマヨネーズ焼き ………………… ご飯がすすむ一品
- 五目納豆 ………………… 子どもが好きな納豆で野菜パクパク
- キュウリとモズクの酢の物 ………… 蒸し暑い季節にぴったり

＊材料はどれも子ども3人分（またはおとな1人分と子ども1人分）です。

サケのマヨネーズ焼き

子どもは魚が大好き。
食卓に上らないのはおとなの都合なのかもしません。

材料
- 生サケ………… 3切れ
- パセリ………… 少々
- ●調味料
- 塩……………… 少々
- マヨネーズ…… 大さじ3

① サケは塩をふって天板に並べる。

② マヨネーズをサケに満遍なくぬる。パセリのみじん切りをのせる。

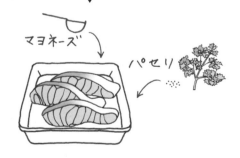

③ 180度のオーブンで焼く。

☆ 新しいマヨネーズを使うときは、つまようじで細く格子状に絞り出すと、見た目もきれいになります。
☆ フライパンやグリル、オーブントースターで焼いてもOKです。

五目納豆

納豆を使ったさっぱり変わりサラダ。
野菜は季節のものならなんでもOK。

材料
- 小粒納豆……1パック
- 大根………30g
- ニンジン……30g
- キュウリ……15g
- タマネギ……15g

●調味料
- しょうゆ……小さじ1
- だし汁………50cc

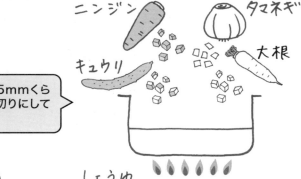

1. 野菜は5mmくらいの角切りにしてゆでる。
2. 納豆と❶の野菜を調味料であえる。

Point 納豆と野菜の大きさをそろえると食べやすいです。おとなはカラシを入れてもよいし、季節によって旬の野菜をとり入れましょう。

キュウリとモズクの酢の物

子どもは案外、酢の物が好きです。
モズクが入って、ツルツルと食べやすくなります。

材料
- キュウリ…………1本
- モズク……………80g
- チリメンジャコ…10g

●調味料
- 酢………大さじ3
- 砂糖……大さじ3
- 塩………少々
- だし汁……大さじ3

1. キュウリは半月に薄く切って、軽く塩をふってもんでおく。
2. モズクは食べやすい長さに切っておく。
3. 調味料を合わせて❶と❷をあえる。

●大受保育園

6月のレシピ② 免疫力アップの3品

- コンブのショウガ煮 …… ヨードが豊富な常備菜
- 野菜の重ね蒸し …… 野菜がたっぷりとれます
- ニンジンの梅酢きんぴら …… 気温が高くなる時期は梅干し、梅酢を

＊材料はどれも子ども3人分（またはおとな1人分と子ども1人分）です。

コンブのショウガ煮

ヨードの多いコンブをしっかり食べられます。
しらたきと一緒に煮ると、食感も楽しめます。
ショウガの量はお好みで加減してください。

材料
- コンブ（薄めの軟らかいもの）…6g
- しらたき………………………60g
- しょうゆ………………………大さじ1/2
- ショウガ………………………20グラム

❶ コンブは1.5カップほどの水に浸けて戻し、細切りにする。

❷ しらたきは下ゆでして5cmほどに切る。

❸ ショウガは千切りにする。

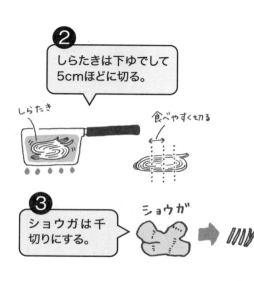

❹ ❶コンブの戻し汁と❷を鍋に入れ、弱火にかける。

❺ コンブが軟らかくなったら、しょうゆとショウガを加えて5分ほど煮て火を止める。そのまま味をなじませる。

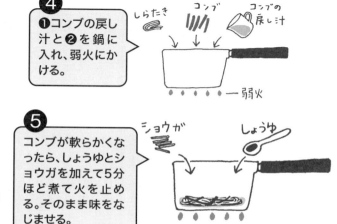

野菜の重ね蒸し

野菜のうま味が詰まって、冷めてもおいしいおかずです。少ないと焦げやすいので、量を増やして作ってください。

【材料】（子ども6人分）
- ニンジン……30g
- タマネギ……60g
- キャベツ……2枚
- ジャガイモ…100g（正味）
- シメジ………20g
- 塩………小さじ1/3

① ニンジン、タマネギ、ジャガイモはそれぞれ4mm前後の厚さにスライス。キャベツは3cmくらいのザク切り、シメジは大きければ、さいておく。

② 厚手の鍋に、下からシメジ、ジャガイモ、キャベツ、タマネギ、ニンジンの順に重ねて入れる。このときそれぞれの野菜の間に塩をひとつまみ振る。

③ 蒸気がもれないようにしっかりふたをして、ゆっくり蒸し煮する。この間混ぜないのがコツ。

④ 30分ほど煮て、ジャガイモが煮崩れしたらできあがり。

ニンジンの梅酢きんぴら

解毒、殺菌効果のある梅や梅酢を意識的に取り入れます。
子どもたちの漬けた梅干しです。
ニンジンの甘さと酸味がさわやかな人気のおかずです。

【材料】
- ニンジン…70g
- 青ジソ……少々
- 梅酢………小さじ1/2
- 塩…………少々

① ニンジンは千切りにする。

② 厚手の鍋にニンジンを入れて大さじ1の水と塩をひとつまみ振り、ふたをして弱火にかけ蒸し煮する。

③ 10〜15分ほど煮て、ニンジンにツヤが出て軟らかくなったら、火を止め梅酢を振りかける。青ジソの千切りを混ぜてできあがり。

●麦っ子畑保育園

6月のレシピ 3

子どもといっしょに豆料理

- お豆と豆腐のサラダ……………………旬の3種類の豆を楽しむ
- ソラマメご飯……………………………子どもはさや出しが大好き
- お魚シュウマイ…………………………すり身を使った変わりシュウマイ

＊材料はどれも子ども3人分（またはおとな1人分と子ども1人分）です。

お豆と豆腐のサラダ

ソラマメ、グリーンピース、スナップエンドウなど、豆類と豆腐のサラダです。
いろいろな豆の味と食感が楽しめます。

材料

- ソラマメ（さやから出す）…50g
- スナップエンドウ…………100g
- キヌサヤ……………………25g
- 豆腐…………………………100g
- ●ドレッシング
  - A
    - ナタネ油………大さじ1/2
    - 梅酢……………大さじ1/2
    - しょうゆ………小さじ1/4
- すりゴマ……………大さじ1

① ソラマメは、さやから出し、ゆでて薄皮をむく。

② スナップエンドウ、キヌサヤも色よくゆでる。

③ 豆腐は水切りして、1cmの角切りにする。

④ Aを混ぜてドレッシングを作る。

⑤ ④のボウルに①〜③を入れてよく混ぜてすりゴマをふる。

☆ 材料は、インゲンやグリーンピース、キャベツやレタスを入れるといっそう楽しめます。

ソラマメご飯

炊いているときから、ソラマメのいい香りがします。
若草色がさわやかなご飯です。

材料
- 米…………… 1カップ
- ソラマメ……1/2カップ（60gくらい）
- 塩…………… 小さじ1/4
- だしコンブ…3cm角くらい

① ソラマメはさやから出して、薄皮をむく（芽を取ると早くむける）。

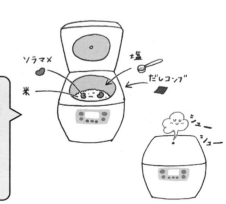

② といだ米に①と塩、コンブを入れて普通に炊く（蒸らしたあとによく混ぜる）。

＊白米で炊くと、白と緑のコントラストがきれいです。

お魚シュウマイ

野菜と魚のすり身をタネにしたあっさりしたシュウマイです。
魚屋ですり身＊にしてもらってもよいでしょう。
＊魚のすり身はアジ、イワシ、イカ、エビなど。

材料
- 魚のすり身…………100g
- タマネギ……………1/2個
- 干しシイタケ………大1枚くらい
- キャベツ……………40g
- 片栗粉………………大さじ1
- ゴマ油、しょうゆ…各小さじ1
- シュウマイの皮……12枚
- 塩……………………少々

① タマネギはみじん切りにして、塩を振っておく。

② 干しシイタケは、水で戻してみじん切り、キャベツはゆでてみじん切りにする。

③ ①②の水気をしぼって、魚のすり身、片栗粉、ゴマ油、しょうゆとよく混ぜる。

④ ③をシュウマイの皮で包む。

⑤ 湯気の上がった蒸し器で10分蒸す。

☆蒸し器がない場合は、フライパンにざく切りにしたキャベツを敷きつめて、軽く塩をふって水50ccくらいを入れ、その上にシュウマイをのせ、しっかりふたをして蒸します。

☆シュウマイの皮がなければ、ギョーザの皮を代用します。

●たんぽぽ保育園

6月のレシピ ④ わくわく梅レシピ

- お魚バーグの梅おろし ……………… 梅のさっぱり感が生きてます
- 梅ゴマみそ ……………………………………… 何でも合う調味みそ
- おから梅スコーン ……………………………… 忙しいときの朝食に

＊材料はどれも子ども3人分（またはおとな1人分と子ども1人分）です。

お魚バーグの梅おろし

魚のすり身で作るハンバーグを、梅の入った大根おろしでいただきます。

【材料】
- 魚のすり身…………120g
  （エソ、イワシ、イカ、エビなど何でもよい）
- タマネギ……………30g
- 長ネギ………………20g
- エノキダケ…………30g
- 干しシイタケ………1枚
- 片栗粉………………大さじ2
- 塩……………………少々

❶ 魚は魚屋ですり身にしてもらうか、自分で包丁でたたく。または、フードプロセッサーかミキサーで潰す。魚は今回、大分で手に入りやすいエソのすり身を使用。

❷ タマネギはみじん切りにして、塩を軽く振っておく。

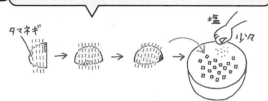

❸ 長ネギ、エノキダケもみじん切りにする。

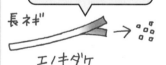

❹ 干しシイタケは水で戻して、みじん切りにする。

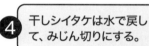

❺ ❷のタマネギの水気をを絞り、❶の魚のすり身とあえて、❸❹の野菜も入れる。片栗粉をつなぎにして混ぜる。

❻ 形を整えてフライパンで両面を焼く。梅おろしを適量かけていただく。

▼梅おろしの作り方
大根おろし……150g　梅肉……10g
しょうゆ………小さじ1/2

❶ 大根は辛味が少ない首の部分を使う。
❷ すりおろして軽く水を切り、たたいた梅肉・しょうゆを混ぜたら出来上がり。

☆梅おろしは、さっぱりしているので、ハンバーグや肉のソテーや焼き魚にかけたり、納豆に混ぜてもおいしいです。

梅ゴマみそ

ゴマみそは、作っておくと重宝な調味料。
魚や野菜などいろいろな食材に合います。

材料
- 梅肉…………20g
- みそ…………40g
- みりん………大さじ2
- すりゴマ……大さじ1
- だし…………大さじ1

作り方
梅肉をたたいて残りの材料を混ぜ合わせるだけ。

活用法 その❶
赤魚の梅ゴマみそ焼き
赤魚(その他の魚でもOKです)に梅みそを塗って焼きます。

活用法 その❷
新ゴボウの梅あえ
新ゴボウ(100g)は皮をこそげ、鍋に入る長さに切ってゆで、ゆであがったら長いままスリコギなどでたたいて、繊維を壊します。2〜3cmの長さに切り、梅みそ小さじ1.5であえるだけです。その他のゆで野菜とも合います。

おから梅スコーン

梅の塩分が甘さを引き立てて、おいしいおやつです。
材料を混ぜて焼くだけで、とっても簡単。

材料　材料(子ども10人分くらい)
- 地粉(国産小麦粉)………200g
- おから……………………100g
- ベーキングパウダー*……小さじ2
- テンサイ糖………………50g
- ナタネ油…………………50g
- 水または豆乳……………80〜90cc
- 梅肉………………………25〜30g

*アルミニウムの入っていないもの。

❶ 梅肉は包丁でたたいて、細かくする。

❷ 材料をすべて混ぜる。おからの水分量によって、入れる水の量が違うので、様子を見ながら水分を入れる。耳たぶぐらいの硬さが目安です。

❸ スコーン型に入れて、180度のオーブンで15〜20分焼く。

● たんぽぽ保育園

サバを主役にバランス献立

6月のレシピ ⑤

- サバのソース煮 …………………… ソースで味付けにひと工夫
- 新ジャガの和風ジャコサラダ ………… 旬の新ジャガをサラダに
- 水無月（みなづき）だんご …………… 6月に作る大分の伝統食

＊材料はどれも子ども3人分（またはおとな1人分と子ども1人分）です。

サバのソース煮

子ども好みの味付けで、食べやすく。
ウスターソースは野菜や果物をたっぷり使った添加物の少ないものを選びます。

材料

サバ切り身		3切れ
A	水	1カップ
	しょうゆ	大さじ1
	ウスターソース	大さじ1
	みりん	大さじ1
	酒	大さじ1
	ショウガ	1〜2かけ
	（すりおろしてしぼり汁を入れる）	

① Aを煮立てたあと、サバを入れる。

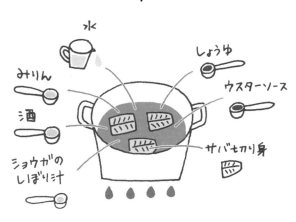

② 時どき、煮汁をかけながら、強火で煮汁がなくなるまで煮る。

☆ソース煮は、イワシや白身魚でもおいしい。
　写真の付け合せは、春雨とニンジン、キャベツのサラダ。

新ジャガの和風ジャコサラダ

新ジャガに梅肉を合わせると、あっさり、さっぱり食べられます。
キヌサヤやインゲンなど豆類を入れてもおいしくいただけます。

材料
新ジャガ	150g
チリメンジャコ	2g
ゴマ油	大さじ1
青ネギ	10g
梅肉	1個分
焼きノリ	適宜
塩	適量

① 新ジャガは皮をこそげとって、食べやすい大きさに切り、蒸す（またはゆでる）。
☆丸ごと蒸すとおいしい

☆粉吹き芋にしてもいいのですが、新ジャガは粉が吹きにくいので、蒸したほうが水分も取れておいしいです。

② ジャコはゴマ油で炒めて、カリカリになったらみじん切りした青ネギを入れて、火を止める。

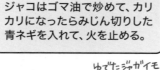

③ ①と②を合わせて、たたいた梅肉を混ぜ、焼きノリをちぎってあえる。味見して味が足りなかったら塩を入れる。

水無月だんご

昔は、カンカラという葉っぱを巻いて蒸したようです。
ショウガの香りが引き立つおやつです。

材料 （作りやすい分量）
皮	地粉（国産小麦粉）	100g
	米粉	50g
	ジャガイモ	200g
	ショウガ汁	10cc
あんこ*		20g×8〜10個分

*市販のものでもいいですが、自分好みの甘さにできる手作りがおすすめです。

① ジャガイモは、ゆでてつぶす。

② ショウガをすりおろして、汁をしぼる。

③ ①のジャガイモが冷えたら、地粉と米粉と②のショウガ汁を合わせて、よくこねる。これが皮になる。

④ あんこを8〜10個に分けて、③の皮で包んで丸める。

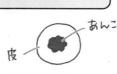

⑤ 蒸気の上がった蒸し器に入れて、強火で10〜15分ほど蒸したら出来上がり。

☆あんこを使わず、砂糖を30gくらい入れた皮だけでもおいしく食べられます。丸めて蒸すだけなので、簡単です。

● たんぽぽ保育園

7月のレシピ ① 夏野菜で元気いっぱい

- ナスと豚ひき肉のみそ炒め……… ナスとみその相性がピッタリ
- 揚げカボチャのおかかあえ……… 色彩（いろどり）が美しく食欲が増す
- キュウリの中華漬け……… ゴマ油の香りでおいしく

＊材料はどれも子ども3人分（またはおとな1人分と子ども1人分）です。

旬の夏野菜

ナスと豚ひき肉のみそ炒め

材料

豚ひき肉	80g
ナス	1本半
長ネギ	3cm
ショウガ	小さじ1/2
春雨（国産）	15～20g
ゴマ油	小さじ1
砂糖	小さじ2
みそ	小さじ2
しょうゆ	小さじ1強

❶ 春雨をゆで、2～3cmに切る。

❷ ナスを乱切りにし、素揚げする。

❸ 鍋を火にかけ、ゴマ油、みじん切りにした長ネギとショウガを入れ、香りが出てきたら豚ひき肉を加えて炒める。

❹ ❸に調味料を加えて混ぜ、❷のナスを加え、火を弱めて2分ほど煮含める。最後に❶の春雨と、水大さじ1を加え、全体にからめるように混ぜる。

☆ ナスは揚げずに、油を少し入れた湯でゆでると手軽にできます。最後に春雨を入れるとき、少し水を加えると混ぜやすくなります。

揚げカボチャのおかかあえ

カボチャ、ニンジン、インゲンを素揚げにし、おかかであえます。

材料
カボチャ*	100g
ニンジン	5cm
三度豆（サヤインゲン）	3〜4本
揚げ油	適量
カツオ削り節	小1パック
しょうゆ	小さじ1強

＊ジャガイモに代えてもおいしいです

1. カボチャは2cm角のさいの目切りに、ニンジンは1cmの厚みにイチョウ切りに、三度豆は2〜3cmに切りそろえておく。

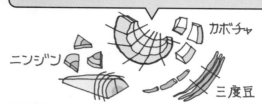

2. それぞれを中温の油で素揚げする。

3. ボウルに❷の野菜とかつお削り節を入れ、さっとあえてからしょうゆを加えて味を整える。

キュウリの中華漬け

ゴマ油を入れて中華風に。
家庭では多めに作っておくと、重宝です。

材料
キュウリ	大1本
塩	ひとつまみ
しょうゆ	小さじ2
砂糖	小さじ1
酢	小さじ1
ゴマ油	小さじ1/2

＊早めにつくって冷やしておくとおいしいです

1. キュウリを乱切りにして塩でもんでおく。

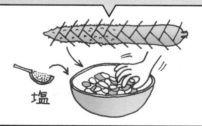

2. ボウルに調味料を合わせ、軽くしぼった❶のキュウリを加えて15分ほど漬けこむ。

●朱い実保育園

七夕の行事食

7月のレシピ ②

- 夏ちらし............................甘辛く煮たアナゴが人気
- 七夕スープ........................星型が楽しいオクラ入りそうめん
- キュウリとイカのソテー..........キュウリは炒めてもおいしい

＊材料はどれも子ども3人分（またはおとな1人分と子ども1人分）です。

夏ちらし

子どもたちに人気のアナゴを使ったおすしです。アナゴやキュウリなどの具材がたっぷりで、ボリュームも栄養も満点です。

【材料】

- 米……………1合
- アナゴ………30g ＋しょうゆ・砂糖適宜
- ニンジン………15g ＋しょうゆ・砂糖適宜
- 干しシイタケ…2枚
- キュウリ………15g
- 白ゴマ…………少々
- きざみノリ……少々
- Ⓐ 酢…………大さじ1.5
　　砂糖………大さじ1
　　塩…………少々

❶ 米は少し硬めに炊く。

❷ Ⓐの材料を火にかけ、砂糖を溶かし、合わせ酢を作っておく。

❸ 炊き上がったご飯に合わせ酢をかけ、混ぜ合わせる。

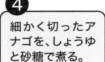
❹ 細かく切ったアナゴを、しょうゆと砂糖で煮る。

❺ 干しシイタケはお湯で戻し、千切りに。ニンジンも千切りにして砂糖としょうゆで煮る。

❻ キュウリも千切りにしておく。

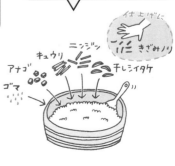
❼ ご飯に干しシイタケ、ニンジン、キュウリ、アナゴ、ゴマを混ぜ、仕上げにきざみノリをかける。

七夕スープ

お星さまをイメージするオクラと星型のニンジン。
そこに天の川のように、そうめんが……。
味もあっさりして夏向きの汁物です。

材料
- オクラ………3本
- そうめん………30g
- ニンジン……9g
- かつおだし…250cc
- 塩…………少々
- しょうゆ……少々

1. そうめんを固めにゆでて、水でしめる。
2. オクラはさっとゆがいて、輪切りにする。
3. ニンジンは薄く輪切りにし、星型でぬき、さっとゆでる。
4. かつおだしを塩としょうゆで調味する。
5. 器にそうめん、オクラ、星型ニンジンを入れ、だし汁をかける。

キュウリとイカのソテー

イカをソテーにすると歯ごたえがあり、
子どもたちにも人気です。
夏野菜と一緒に、
食欲をそそる一品です。

材料
- キュウリ…90g
- イカ………60g
- タマネギ…30g
- ニンニク…1/2片
- オリーブ油…10g
- 塩……………少々
- パセリ………適量

1. キュウリは縦半分に切り、短冊切りにする。
2. タマネギは、くし切りにし、さらに半分に切る。
3. イカは、スルメイカなら輪切りに、モンゴウイカなら短冊切りにしておく。
4. フライパンに、みじん切りにしたニンニクとオリーブ油を入れ、火にかける。
5. 香りが出たら、キュウリ、タマネギ、イカを入れて炒める。
6. イカに火が通ったら、塩で味付けし、パセリをかける。

●けま太陽の子保育園

7月のレシピ ③ 夏バテ知らずの野菜たっぷりメニュー

- だしご飯 …………………………… 山形の夏の郷土料理
- 生春巻き ……………………… 米粉の春巻きなので小麦アレルギーでもOK
- こんにゃくのネギショウガあえ ……………… 冷めてもおいしい

＊材料はどれも子ども3人分（またはおとな1人分と子ども1人分）です。

だしご飯

暑いときもご飯がすすむ山形の郷土料理。
栄養満点で野菜たっぷりの汁かけご飯です。

材料
- ご飯…………適宜
- キュウリ……40g
- ナス…………30g
- オクラ………3本
- ヤマイモ……40g
- 大葉…………1枚
- コンブだし…1カップ
- しょうゆ……小さじ1

❶ キュウリ、ナス、ヤマイモは細かいみじん切りにする。オクラはサッとゆでてみじん切りにする。

❷ 大葉も細かく刻む。

❸ ❶と❷をよく混ぜ、しょうゆを加えてご飯の上にのせ、コンブのだし汁をかける。

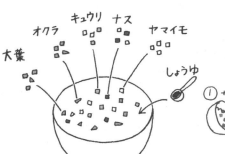

☆コンブは利尻コンブか、オホーツク海に近い地域のものを使っています。

生春巻き

子どもたちが食べやすいように具に味をつけています。
大豆が食べられない子はヒエみそ、アワみそで。

材料

- ライスペーパー………2枚
- 大根………………30g
- ニンジン……………20g
- キュウリ……………20g
- ネギ…………………5g
- ビーフン（ゆでた状態で）…30g
- アスパラまたはニラ…長いまま1本
- みそ…………………小さじ1/2

❶ 野菜はアスパラ（ニラ）以外をせん切りにする。

❷ もどしたビーフンと野菜とみそを混ぜ合わせる。

❸ ライスペーパーを水にさっと通して、まな板などの上にのせ、アスパラ（ニラ）を長いままのせ、その上に❷をのせて、具がはみ出ないように巻き込む。

❹ 半分に切って盛り付ける。

こんにゃくのネギショウガあえ

こんにゃくが熱いうちに味をつけると、冷めたときによく味がしみています。

材料

- こんにゃく…70g
- ネギ…………20g
- ショウガ……耳かき1杯程度
- しょうゆ……小さじ1/2
- 塩……………適宜

❶ こんにゃくはうす切りにして、軽く塩でもみ、ゆでてあく抜きをする。

❷ ネギはみじん切り、ショウガはすりおろして、しょうゆであえる。

❸ ゆでたこんにゃくをザルにあげ、水気を切って熱いうちに、❷であえる。

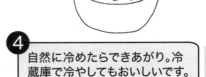

❹ 自然に冷めたらできあがり。冷蔵庫で冷やしてもおいしいです。

●麦っ子畑保育園

揚げものとさっぱりスープ

7月のレシピ④

- サケと豆腐のコロッケ……………サクサクに揚がる簡単レシピ
- トマトスープ…………………………和風だしがおいしい
- 野菜のコンブあえ……………………応用が効く万能レシピ

＊材料はどれも子ども3人分（またはおとな1人分と子ども1人分）です。

サケと豆腐のコロッケ

小麦粉や溶き卵にくぐらせない簡単なフライです。サクサクの揚げ物に枝豆やシソを混ぜ込んでもおいしいです。

材料（6個分）

木綿豆腐	半丁（180g）
生サケ	2切れ（80g）
塩	一つまみ
片栗粉	大さじ1/2
パン粉、揚げ油	適宜
サニーレタス	3枚
ミニトマト	3個
キュウリ	1/5本

❶ 豆腐はザルに入れて手でつぶし水切りする。（こうすると早く水切りできます）

❷ サケは皮や骨を取り除き、小口に切る。

❸ 豆腐とサケと片栗粉と塩を混ぜ合わせ、パン粉をまわりにまぶしながら、固く成形する。

❹ 180度の油で、表面をこんがり揚げる。

❺ お皿にサニーレタスを敷き、キュウリのスライスとミニトマトを添える。

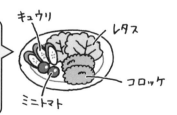

☆サケはフレークを使用すれば、さらに簡単に作れます。塩は加減して減らしてください。

☆保育園で大量調理するさいは、豆腐店にしぼり豆腐を注文し、スチームコンベクションのスチーム機能で15分かけたのち、ザルに入れて手でつぶし、水切りすると作業しやすいです。

トマトスープ

さっぱりとしたスープです。洋風だしを使わなくても、和風だしとオリーブオイルでおいしくできます。

材料

- トマト……………大1/2個
- セロリ……………15g
- タマネギ…………1/2個（110g）
- ニンジン…………1/2本（50g）
- レタス……………40g
- エダマメ（さや付き）……25g
- だし ┌ 水……………450cc
       └ 混合削り節…12g
- オリーブ油………大さじ1
- 塩…………………小さじ1/4
  （炒めるときに、一つまみ）
- 薄口しょうゆ……小さじ2

1 エダマメはゆでてさやから外しておく。トマトは皮を湯むきして1cm角のサイコロ状に切る。

2 セロリは薄切りに。タマネギは薄くスライスして長さを半分に切る。ニンジンはイチョウ切りまたは半月切りにする。

3 鍋にオリーブ油を熱し、先にセロリを炒めて香りが出たら、タマネギ、ニンジンの順に炒める。油が回ったら、だしとトマトを入れて、火が通るまで煮る。

4 最後に色紙切りにしたレタスも鍋に入れて、塩と薄口しょうゆで味を調える。器に盛りつけ、エダマメを飾る。

＊イカやエビを加えると味に深みが出ます。トウガンやパスタなどを入れてもおいしいです。

野菜のコンブあえ

コンブのうま味と食物繊維がたっぷり。食材をアレンジして1年中、食べられるあえ物です。

材料

- 刻みコンブ………6g
- ニンジン…………30g
- エノキダケ………30g
- キュウリ…………60g
- 板ずり用塩………少々

合わせ調味料
- 薄口しょうゆ…小さじ2
- 酢………………小さじ2
- 三温糖…………小さじ1

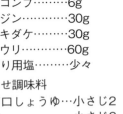

1 水で戻した刻みコンブを食べやすい長さに切り、サッと湯にくぐらせる。

2 ニンジンは千切りにして、エノキダケは長さ1/3ぐらいに切り、サッとゆでる。

4 すべての材料の水を切り、合わせ調味料であえる。

3 キュウリは塩をふって板ずりし、千切りにする。

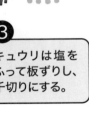

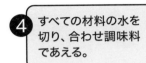

●新金岡センター保育園

7月のレシピ ⑤ 夏バテ予防に薬味と酸味を

- 揚げナスとジャコのサラダ ………… 油とナスの相性を生かします
- 青ジソとチリメンジャコのご飯 ……… 甘辛のジャコのうま味で
- アジの揚げもの2種 ………………… 天ぷら・フライが大人気

*材料はどれも子ども3人分（またはおとな1人分と子ども1人分）です。

揚げナスとジャコのサラダ

揚げたナスの色が美しく、カリカリのチリメンジャコの食感も楽しい一品です。青ジソやミョウガなどでアレンジもできます。

材料

ナス	1/2本
揚げ油	適量
レタス	2枚
キュウリ	1/2本
トマト	1/4個
チリメンジャコ	5g
Ⓐ 酢	小さじ1
濃口しょうゆ	小さじ1/2
三温糖	小さじ1/2
Ⓑ 酢	大さじ1
塩	ひとつまみ

① ナスは乱切りにして塩水に浸けてから、水気を切る。

② ①を高温の揚げ油でさっと揚げて、Ⓐの合わせ調味料に浸ける。

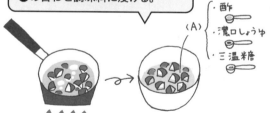

③ レタスは2cm角の色紙切りし、キュウリは板ずりしてスライスし、トマトは乱切りにする。

④ チリメンジャコは、ナスを揚げて油をほかに移したフライパンで、カリカリになるまで炒める。

⑤ ナス、レタス、キュウリ、トマトを混ぜて、Ⓑで味をつける。

⑥ 器に盛りつけて、チリメンジャコを散らす。

青ジソとチリメンジャコのご飯

子どもたちの大好きな甘辛味のチリメンジャコとさわやかな青ジソを使った食べやすいご飯です。

材料
米	1合
チリメンジャコ	5g
青ジソ	1枚
三温糖	小さじ1/4
濃口しょうゆ	小さじ1/2
油	少々

① 米は通常通り炊飯する。

② フライパンに油少々を引き、チリメンジャコを炒める。カリッとしてきたら、三温糖としょうゆをからめる。

③ 青ジソは洗って千切りにし、炊きあがったご飯にチリメンジャコと青ジソを混ぜる。

アジの揚げもの2種

3枚おろしにしたアジを天ぷらとフライにして食べます。どちらも子どもたちは大好きです。

材料
アジの切り身	25g×6枚
揚げ油	適量
レタス	少々
トマト	1/2個

■天ぷら
青ノリ	少々
小麦粉	適量
塩	少々

■フライ
梅肉(もしくは梅干し)	中1個
青ジソ	1/2枚
小麦粉	適量
パン粉	少々

① アジを3枚おろしにして、3等分にする。

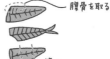

② 天ぷらにするアジには、軽く塩をして、小麦粉をはたき、青ノリを入れた水溶き小麦粉にくぐらせて、170度の油で揚げる。

③ フライは、梅肉もしくは梅干しを青ジソと一緒にたたいてみじん切りにし、アジの表面に塗って小麦粉をはたく。

④ 水溶き小麦粉にくぐらせ、パン粉をつけて170度の油で揚げる。

⑤ 天ぷらとフライを皿に盛りつけて、レタスとトマトを添える。

●新金岡センター保育園

8月のレシピ ①

夏でも温かいおつゆが体にやさしい

- 牛肉とサヤインゲンとトマトのサラダ……… 夏野菜をゴマ油風味で
- トウガンのおつゆ……………………………… 体の余分な熱を取るトウガン
- かんたん春巻き……………………………… 油で揚げずフライパンでOK

＊材料はどれも子ども3人分（またはおとな1人分と子ども1人分）です。

牛肉とサヤインゲンとトマトのサラダ

材料

牛肉	120g
サヤインゲン	60g
煎り白ゴマ	少々
トマト（中）	1個
しょうゆ	大さじ1と1/3
砂糖	小さじ1/2強
酒	小さじ1/2強
ゴマ油	小さじ1/2強

① せん切りにした牛肉にしょうゆ、砂糖、酒、ゴマ油で下味をつけ混ぜ合わせる。

② ①をフライパンでしっかりいりつけ、さましておく。

③ サヤインゲンをゆでて冷ます。食べやすい長さに切る。

④ トマトは湯むきし、半分に切って種をとり、ざく切り。

⑤ 牛肉、サヤインゲン、トマトを混ぜ合わせ、煎りゴマをぱらぱらと振る。

☆ 牛肉のかわりに豚肉をひき肉にして、味をしっかり付けておいたものを作っておくと便利（100gの肉に大さじ1のしょうゆ、または大さじ1.5のみそ）。ナスの素揚げと煮たり、ご飯にかける。チリメンジャコを油でカリカリにしたものをキュウリやトマトとあえる。ゆでオクラとあえても。

トウガンのおつゆ

材料
- トウガン…………100g
- 鶏肉……………20～40g
- 生シイタケ………1枚
- だし汁……………350cc
- 塩…………………小さじ1/3
- 薄口しょうゆ……小さじ1強
- 酒…………………小さじ1弱

① トウガンはさいの目、または扇型に切る。

② 生シイタケもさいの目、または扇型に切る。

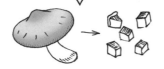

③ トウガンを、だし汁の中で軟らかくなるまで煮て、塩、薄口しょうゆ、酒で味付けする。さいの目に切った鶏肉と生シイタケを加えて軟らかくなるまで煮る。最後におろしショウガを落とすとおいしい。

かんたん春巻き

材料
- 豚肉細切りまたはひき肉……………100g
- 塩………………………………………小さじ1/4
- ニラ……………………………………1/2束
- ニンジン………………………………0.5cm
- 長ネギまたはキャベツかハクサイ……100g
- ニンニクしょうゆ……………………小さじ1弱
- 春巻きの皮……………………………3枚

① 豚肉、ニラ、長ネギ、ニンジンに、塩を加えて炒める。

② ①を春巻きの皮に包んで少量の油で焼く。

☆春巻きの皮のパリパリのおかげで野菜炒めが食べやすくなる。

☆ ショウガやニンニクしょうゆ（びんにニンニク1片としょうゆ適量を加えておいたもの。常備できる）を①に加えると香りが良い。

●朱い実保育園

ネバネバでパワーアップ

8月のレシピ ②

- ネバネバ丼 …………………… ネバネバが自然抵抗力を上げます
- マドモアゼルサラダ …………… カラフルな夏野菜で涼しく
- カボチャの蒸しケーキ ………… 砂糖なしで自然の甘さ

＊材料はどれも子ども3人分（またはおとな1人分と子ども1人分）です。

ネバネバ丼

食欲がない夏場でも、ツルッとたくさん食べられて、元気になります。

材料
- モロヘイヤ…1/3束
- オクラ………3本
- 乾燥メカブ…2g
- しょうゆ……小さじ1/2強
- 塩……………少々

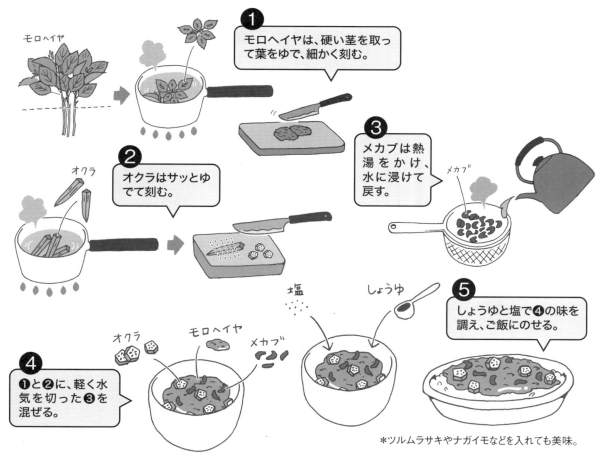

1. モロヘイヤは、硬い茎を取って葉をゆで、細かく刻む。
2. オクラはサッとゆでて刻む。
3. メカブは熱湯をかけ、水に浸けて戻す。
4. ❶と❷に、軽く水気を切った❸を混ぜる。
5. しょうゆと塩で❹の味を調え、ご飯にのせる。

＊ツルムラサキやナガイモなどを入れても美味。

マドモアゼルサラダ

色合いがきれいなので、「パリのお嬢さんが
召し上がるサラダみたい」と、ネーミング。
野菜の芳醇な香りとリンゴ酢が
絶妙の取り合わせです。
塩とお酢だけで味付けします。

材料
タマネギ……15g
トマト………60g
キュウリ……45g
塩……………少々
リンゴ酢……大さじ1/3

① タマネギは、みじん切りにして水にさらす。

② トマト、キュウリは8mm〜1cmの角切りにしておく。

③ 水気を切った❶と❷をボウルに入れて、あえる。

④ 塩と酢で味付けをし、冷やしていただく。

カボチャの蒸しケーキ

子どもが大好きなカボチャ。ちょっと工夫すれば、
ステキなおやつに。小麦アレルギーの子どもでも安心です。
デーツ(ナツメヤシの実)を甘味に使います。
アクセントに、干しプルーンやリンゴの塩煮を添えてもOK。

材料
カボチャ……120g
片栗粉………20g
塩……………少々
デーツ
(ナツメヤシの実)…1個

① デーツは少量の水で煮て、刻んでおく。

② カボチャは、マッチ棒くらいの細さに刻んでおく。

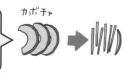

③ ❶と❷を合わせて片栗粉、塩をまぶし、セイロに蒸し布を敷き、その上に並べる。

④ 湯気の上がった蒸し器で30分蒸す。

家庭では型に入れて蒸す。

⑤ 冷めたら切り分ける。

☆家庭で作る場合は、型を使う。

●麦っ子畑保育園

8月のレシピ ③ 夏にうれしいあっさり味

- 豆腐とニラのあっさりギョーザ……………豆腐がメイン
- イカと野菜のマリネ……………夏野菜とイカのコンビネーション
- 冷や汁……………暑さをしのぐ先人の知恵

＊材料はどれも子ども3人分（またはおとな1人分と子ども1人分）です。

豆腐とニラのあっさりギョーザ

中身は豆腐がメイン。
皮も手作りすると、焼くだけでなく、
水ギョーザにしてもモチモチしておいしいです。
酢じょうゆやポン酢などでいただきます。

材料
- 豆腐………200g（約1/2丁）
- ニラ………50g
- ネギ………20g
- 干しシイタケ…1枚

調味料
- しょうゆ………小さじ2
- 塩………少々
- ゴマ油………適宜
- 片栗粉………小さじ2～3
- ギョーザの皮…12個分

① ニラとネギはみじん切り、干しシイタケも戻してみじん切りにして、ゴマ油で炒める。

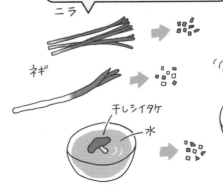

② 水切りしておいた豆腐と冷ました①をよく混ぜる

③ 調味料とよく混ぜ合わせてあんを作る。

ギョーザの皮の作り方

材料
- 地粉…100g
- 塩……少々
- 水……70cc強

耳たぶくらいの硬さに

作り方
材料をよく混ぜて、30分ほどねかせるとよく伸びる。

④ ③をギョーザの皮に包んで普通に焼く。

イカと野菜のマリネ

イカと夏野菜をさっとゆで、タマネギドレッシングであえるだけ
（カボチャは必ず入れて、ピーマンを入れてもよい）。
十分に冷やしていただくと
とてもおいしいです。

材料
- トマト……………………90g
- ナス………………………90g
- カボチャ…………………60g
- キュウリ…………………1/2本
- イカ………………………60g
- タマネギドレッシング…大さじ4
- 塩…………………………適宜

① 野菜はそれぞれサイコロ切りに。ナス・カボチャはゆでるか蒸す。キュウリは軽く塩をふっておく。

② イカは食べやすい大きさにして、さっと火を通しておく。

③ ①と②をタマネギドレッシングに浸け込み、冷やして味をなじませたらできあがり。

タマネギドレッシング

材料
- タマネギ（みじん切り）…1/2個
- 酢……………60cc
- しょうゆ………大さじ1
- 油……………120cc
- 塩……………小さじ1/2

作り方
- ●材料をミキサーでよく混ぜ合わせる。
- ●豆、カボチャ、レンコン、ブロッコリーなどどんなサラダにも合います。作りおきしておくと便利です。

冷や汁

九州では各地ごとにいろいろな冷や汁があります。
食欲が出ない暑い夏にぴったりです。

材料
- だし汁………400cc
- みそ…………大さじ2
- キュウリ……1本
- 青ジソ………5枚程度
- かつお節、すりゴマ、
  たたいた梅干し…それぞれ適量
- ご飯…………適宜

① キュウリは薄く輪切り、青ジソはせん切りにする。

② みそをだし汁で溶きのばし、キュウリ、青ジソ、ゴマ、かつお節を入れてよく混ぜる。味が薄いときは梅干しを適量入れる。

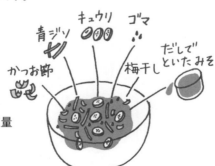

③ ②をご飯にかける。

☆オクラやネギを入れてもおいしい。

●たんぽぽ保育園

大分の郷土料理

8月のレシピ ④

- 夏野菜のだんご汁 ……………… 子どもと一緒にだんごづくり
- こねり ……………………………… とろみが野菜の味を引きたてる
- 炭酸まんじゅう …………………… 昔なつかし郷土のおやつ

＊材料はどれも子ども3人分（またはおとな1人分と子ども1人分）です。

夏野菜のだんご汁

こねた小麦粉を伸ばし、
具だくさんの汁に入れます。
子どもたちと作るのも楽しい料理です。

材料

- カボチャ……………60g
- ナス…………………60g
- 新ゴボウ……………15g
- ニンジン……………30g
- タマネギ……………30g
- 干しシイタケ………1枚
- だし汁（イリコ）……450cc
- 麦みそ………………大さじ1強

[だんご]
- 小麦粉………………60g
- 水……………………30〜40cc
- 塩……………………少々

① 小麦粉と水と塩を混ぜて、だんごを作る。耳たぶくらいのかたさになるように水加減を調節。親指大のいも虫型にして、しばらくねかせる。

② だし汁に野菜を全部入れて煮込む。

③ 具に火が通ったら、だんごを伸ばして入れる。小麦粉に伸びる方向があり、その方向に伸ばすと長く伸びる。

④ だんごに火が通ったら、みそをとき入れて出来上がり。

☆冬場は、根菜を入れるなど、野菜は旬の物をお好みで。

こねり

大分でも中心部から北部の山間部だけで、夏場に限って作られていた郷土料理です。

材料
- ナス……………150g
- ピーマン………30g
- タマネギ………30g
- イリコ…………20g
- しょうゆ………小さじ1
- ゴマ油…………小さじ1強
- 小麦粉…………小さじ2
- 水………………小さじ2

❶ ナス、ピーマンは乱切り、タマネギはくし型に切る。

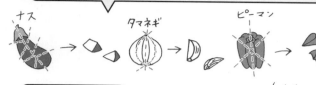

❷ イリコをゴマ油でよく炒める。

❸ ❶を加えてさらに炒め、しょうゆを入れる。

❹ よく炒めたら、水でといた小麦粉を加えてよくこねる。とろみがついたら出来上がり。

炭酸まんじゅう

大分ではあんこを入れずに砂糖をつけて食べたりしますが、あんこにカボチャを使います。

材料（10個分）
- 小麦粉（地粉）……………200g
- 炭酸………………………小さじ1
- ベーキングパウダー＊…小さじ1
- テンサイ糖………………大さじ1
- 塩…………………………小さじ1
- 水…………………………140cc程度
- カボチャ…………………200g

（生地に酢を入れるとまんじゅうの皮が白くなります）

❶ 材料を全部入れて混ぜ、耳たぶほどのやわらかさにこねる。

❷ 10等分にし、1個にあん20g程度をまるめて包む。

カボチャあんの作り方

カボチャは、種を取り、乱切りにして塩をまぶす。水が出てきたら、酒を入れ、ふたをして蒸し煮にする。初め強火で、沸騰したらごく弱火でこげないように。これをつぶしてあんにする。

❸ 15～18分、強火で蒸したら出来上がり。

＊ベーキングパウダーは添加物にアルミニウムが入っていないものを選びましょう。

●たんぽぽ保育園

8月のレシピ ⑤ 夏の暑さに負けないレシピ

- イワシのかき揚げカレー味 …… カレー味で食欲増進
- 豆乳そうめん …… 豆乳でつゆにコク
- 蒸しナスのマリネ …… やわらかナスが絶品

＊材料はどれも子ども3人分（またはおとな1人分と子ども1人分）です。

イワシのかき揚げカレー味

カレー風味の揚げもので、食欲をそそります。
魚は小さく切ることで、魚が苦手な子どもでも
抵抗なく食べられます。

材料

- イワシ………………1尾
- ニンジン……………30g
- タマネギ……………50g
- ピーマン……………30g（1個）
- 地粉（国産小麦粉）…少々
- 衣
  - カレー粉……大さじ1/2強
  - 地粉…………40g
  - 塩……………小さじ1/2弱
  - 水……………80～90cc
- 揚げ油………………適宜

❶ イワシは手開きにして、骨、頭、内臓を取り、5cmぐらいに切る。

❷ ニンジン、タマネギ、ピーマンは千切りにする。

❸ ❶❷を混ぜ、地粉を少々混ぜておく。

❹ 衣の材料を混ぜ、❸に入れてさっくりと混ぜる。

❺ 170度の油に、スプーンですくって入れ、揚げる。

☆魚は、アジやサバも合います。ほかの魚でも作れます。

豆乳そうめん

いつものそうめんに飽きたら、ぜひどうぞ。
だしとの割合もお好みで調整できます。
豆乳100%でもおいしいですよ。

材料

そうめん……140～150g

つけ汁
- 豆乳…………150g
- しょうゆ……25cc
- みりん………25cc
- だし…………50cc

薬味 ネギ、青ジソ、ゴマ、ノリ
＊カイワレ、キュウリ、ミョウガも良い

① そうめんをゆでる。

② しょうゆとみりんを煮立て、みりんのアルコール分を飛ばす。

③ ②が冷めたら、冷えただし汁、豆乳を合わせてつけ汁を作る。

④ つけ汁をかけ、最後に、薬味を添える。

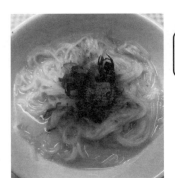

☆だし汁がないときには、しょうゆ、みりんを煮切るとき、カツオ節を1パック（3g）入れると、だしの替わりになります。

蒸しナスのマリネ

ナスは、蒸すと色鮮やかに、一晩漬け込むと、
味がしみておいしくなります。
焼きナスにして漬けこむと、香ばしさが加わり、
また違った味が楽しめます。

材料

ナス……………200g（1本）

マリネ液
- 梅酢…………大さじ1
- ナタネ油……大さじ1
- しょうゆ……小さじ1

すりゴマ………少々

① ナスは10分くらい蒸す。

② ①のナスを一口大に切り、マリネ液に浸す（10分ほど）。

③ 食べるとき、すりゴマをあえる。

☆梅酢の塩分量によって、量を加減してください。

● たんぽぽ保育園

9月のレシピ ①

残暑を乗り切るのど越しさっぱり献立

- トウガンスープ……………………トウガンで体の熱を取る
- サケずし……………………………青ジソと梅干しでさっぱりと
- 岩石揚げ……………………………ゴツゴツしたサツマイモが楽しい

*材料はどれも子ども3人分（またはおとな1人分と子ども1人分）です。

トウガンスープ

つるんとしたのど越しの良さが、子どもたちに好評です。

材料
- トウガン………60g
- ネギ……………6g
- ワカメ…………3g
- だし汁…………450cc
- 塩………………少々
- 薄口しょうゆ…小さじ1

❶ トウガンの皮をむき、ワタを取って一口大に切る。ネギは小口切りにし、ワカメは水につけて戻しておく。

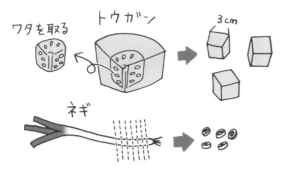

ワカメは絞ってから切る

❷ 鍋にだし汁と、トウガンを入れ、火にかける。

❸ トウガンに火が通ったら味付けをし、ネギとワカメを入れる。

サケずし

すし酢のすっぱさより、
梅干しの酸味が子どもたちには、
ほど良い加減。
食が進む一品です。

材料

- 塩サケ………90g
- 大葉…………3枚
- 梅干し………1個
- 白いりゴマ…3g
- 塩……………少々
- 米……………120g

① 塩サケを焼き、骨を取って、身をほぐしておく。

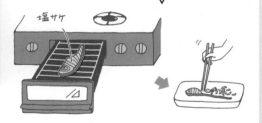

② 大葉は細かく刻み、梅干しは種を取り、包丁で細かくたたく。

③ ご飯を炊き、塩サケ、大葉、梅干しを混ぜ、皿に盛って白ゴマを散らす。

岩石揚げ

ヒジキや大豆、ジャコも一緒に揚げているので、栄養満点。
子どもたちの大好きな献立です。
そしゃくを促すのにも、ぴったり。

材料

- サツマイモ……90g
- 大豆……………15g
- 干しヒジキ……3g
- チリメンジャコ…9g
- 小麦粉…………60g
- 塩………………少々
- 油………………適宜

① 大豆は一晩水に浸けておき、ゆでる。ヒジキは水につけて戻しておき、サツマイモは、5mmのサイコロに切っておく。

② 油以外のすべての材料をボウルに入れて、水を加えながら硬めに混ぜる。

③ 油を170度に熱し、小さいお玉ですくいながら、油の中に落として、きつね色になるまで揚げる。

●太陽の子保育園

9月のレシピ ②

体にたまった熱を取るメニュー

- ビビンバ……………………………………野菜がたっぷりとれます
- 春雨スープ…………………………………温・冷どちらもおいしい
- リンゴゼリー………………………………すぐできるさわやかデザート

*材料はどれも子ども3人分（またはおとな1人分と子ども1人分）です。

ビビンバ

季節によって具をいろいろ変えて作ります。
きのこやゼンマイ、青菜も。
おとな用にはみそをコチュジャンに代えます。

材料

- ニンジン…………30g
- しらたき…………30g
- モヤシ……………50g
- キュウリ…………30g
- 大根………………40g
- みそ………………小さじ2
- 梅干し……………中1/3個
- ご飯………………3人前
- ゴマ油、塩………適量

❶ ニンジンは千切りにして軽く湯通しして塩で味をつける。

❷ しらたきは下ゆでした後食べやすい長さに切り、塩とゴマ油であえる。

❸ モヤシは湯通しした後、塩とゴマ油であえる。

❹ キュウリは千切りにする（夏以外はゆでたコマツナを使う）。

❺ 大根は千切りにし、たたいた梅干し（練り梅でも可）とあえる。

❻ みそを水少々、またはコンブだしでのばし、弱火にかけて焦げないようにかき混ぜながらひと煮立ちさせる。

❼ お皿にご飯を盛り、具材を色どりよく並べ、最後に❻のみそをのせる。よくかき混ぜて食べる。

春雨スープ

ツルッとした食感で子どもたちは大好き。
気温によって温めても冷たくしても
おいしいスープです。

材料

ワカメ（塩蔵）	…10g
春雨（乾燥）	…20g
長ネギ	…20g
ミズナ	…20g
塩	…小さじ1/2
コンブだし	…600cc

❶ ワカメは水でよく戻して細かく切る。春雨はお湯で戻して短く切る。長ネギはみじん切り、ミズナは細く切る。

❷ だし汁でミズナ、長ネギをサッと煮て、塩で味をつけ、春雨、ワカメを入れる。

リンゴゼリー

リンゴジュースで手軽にできるデザートです。

材料 （8人分）

粉寒天	…2g
水	…150cc
リンゴジュース	…150cc
リンゴの塩煮*	…少々

❶ 水に粉寒天を溶かして、火にかける。

❷ 沸いてきたら弱火で少し煮る。

❸ ❷が冷めてきたら、固まる前にバットに流し入れる。

❹ ❸にリンゴジュースを注いで軽く混ぜ、冷やしたらできあがり。

リンゴの塩煮を刻み、固まりかけたら、上に散らす。

＊ リンゴ（1個）の皮をむき、1cm厚さのイチョウ切りにして、塩少々と水大さじ1を入れ、軟らかく煮たもの。

●麦っ子畑保育園

9月のレシピ ③ 乳製品、小麦なしで安心ごはん

- サトイモの豆乳グラタン …………… 子どもが大好きなグラタン
- キュウリとミョウガの混ぜご飯 ………… 夏バテの体の回復に
- 厚揚げときのこのとろみあん ………… きのこのうまみが生きる

＊材料はどれも子ども3人分（またはおとな1人分と子ども1人分）です。

サトイモの豆乳グラタン

サトイモのとろみと豆乳の風味がよく合います。
上新粉を使って簡単グラタンの出来上がり。

【材料】

ペンネ＊	20g
サトイモ	120g
タマネギ	60g
シメジ	20g
A　豆乳	180g
上新粉	小さじ5
食塩	小さじ1/5
パン粉	適量
パセリ	適量

① サトイモは皮をむく。タマネギは薄切り、シメジは石づきをとってほぐす。ペンネ、サトイモは火が通るまで別ゆでしておく。はボウルに入れ、ダマにならないよう、よく混ぜ合わせておく。

② 鍋に油（分量外）を熱し、タマネギ、シメジを炒める。Aを加え、とろみが出るまで煮立たせないよう、木べらで鍋底をしごきながら温める。とろみが出てきたらペンネ、サトイモを加え、食塩で味を整える。

③ グラタン皿に移し、パン粉、パセリを上に散らし、180度のオーブンに10〜12分入れて焼き色をつける。

＊ペンネ：すじが入った筒状の太めのパスタ

キュウリとミョウガの混ぜご飯

夏バテ気味の体には、消化を助けてくれるミョウガが香るさっぱりご飯がおすすめです。

材料

- 米……………1合
- 食塩…………小さじ1/6
- キュウリ……15g
- ミョウガ……3g
- A
  - 煎りゴマ(白)…小さじ1/2
  - ゴマ油…………小さじ1/2

① 食塩を加えてご飯を炊く。

② キュウリは小さめの5ミリ角、ミョウガはみじん切りにする。

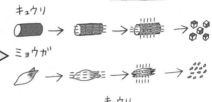

③ 炊いたご飯にキュウリ、ミョウガ、Aを加えてよく混ぜ合わせる。

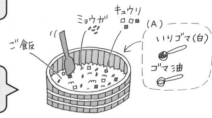

厚揚げときのこのとろみあん

きのこのおいしい季節です。涼しさで体が冷えそうなときは、自然のうま味が詰まったあんが温めてくれます。

材料

- 厚揚げ…………120g
- 長ネギ……30g
- マイタケ………20g
- インゲン…10g
- エノキダケ……20g
- A
  - ショウガ汁…1.5g
  - しょうゆ……小さじ1
  - みりん………小さじ1/2
  - 酒……………小さじ1/2
- 片栗粉……小さじ1

① 厚揚げは一口大に切る。マイタケ、エノキダケは石づきを切ってほぐす。インゲンは1cm程度に切る。

② 鍋にマイタケ、エノキダケ、インゲン、小口切りのネギを入れて炒め、ひたひたの水を加えて、具に火が通るまで煮る。

③ 厚揚げとAを加えてさらに煮含め、味が染みたら、水溶き片栗粉でとろみをつける。

●わらしこ保育園

9月のレシピ ④ 卵・乳・小麦アレルギーでもOKのおやつ

- 切り干し大根のチヂミ風 …………… 米粉でモチモチ感
- コーン蒸しパン …………………… コーンの甘味がおいしい
- サツマイモボール ………………… コロコロとつまめて楽しい

＊材料はどれも子ども3人分（またはおとな1人分と子ども1人分）です。

切り干し大根のチヂミ風

噛みごたえがあり、みんな大好きです。ジャコを入れ、米粉で作ります。

材料

- 切り干し大根 …………… 18g
- トウモロコシ（またはホールコーン）…… 21g（大さじ4程度）
- チリメンジャコ ………… 15g
- 米粉（または上新粉）…… 45g
- 水 ………………………… 60cc位
- たれ
  - 濃口しょうゆ …… 大さじ1/2
  - 三温糖 …………… 小さじ1/2
  - ニンニク ………… 少々
  - 米酢 ……………… 小さじ1/4
- ナタネ油 ………………… 適宜

❶ 切り干し大根を洗って水で戻し、軽くしぼって刻む。

❷ トウモロコシはゆでて実をそぎ取る。

❸ ボウルに材料を全部入れて、混ぜる。別のボウルに、たれの材料も混ぜておく。

❹ フライパンに多めの油をひいて、❸を入れて焼き上げる。または油小さじ1を生地に混ぜておき、オーブンで焼く。

❺ たれを塗って盛り付ける。

コーン蒸しパン

ホールコーンの甘味が人気。
上新粉でできる蒸しパンです。

材料

上新粉	75g
ベーキングパウダー*	小さじ1/2
コーンクリーム缶	60g
ナタネ油	25cc
三温糖	2.5g
塩	適宜
ホールコーン	6g

（生のコーンがあるときは生を使う）
*アルミニウムが入っていないもの。

❶ ボウルにコーンクリーム缶、ナタネ油、三温糖、塩を入れてよく混ぜる。

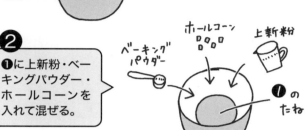

❷ ❶に上新粉・ベーキングパウダー・ホールコーンを入れて混ぜる。

❸ アルミカップに入れて10分ほど蒸す。

サツマイモボール

15、6個できます。ほんのりやさしい甘みです。

材料

サツマイモ	140g
コーンスターチ	26g
三温糖	13g
ナタネ油	20cc

❶ サツマイモは皮をむいてゆで、マッシャーでつぶす。

❷ ❶にナタネ油、三温糖、コーンスターチを入れて、よく混ぜる。

❸ 直径1〜1.5cmに丸め、160度のオーブンで10分程度焼く。

☆サツマイモはカボチャやジャガイモなどにアレンジしてもおいしいです。
☆アルミ箔を敷いた魚焼きグリル、またはオーブントースターでも焼けます。
☆コーンスターチを白玉粉や片栗粉に替えると、違った食感が味わえます。

●新金岡センター保育園

9月のレシピ ⑤ お月見を楽しむ

- 変わり揚げだし豆腐 …………… 削り節の衣で風味アップ
- 揚げナス煮びたし ……………… あっさり味に仕上げます
- カラフルお月見だんご ………… 野菜でオレンジや緑に

＊材料はどれも子ども3人分（またはおとな1人分と子ども1人分）です。

変わり揚げだし豆腐

目先を変えて、削り節を衣にして揚げます。
だしをかけて、大根おろしを添えれば、あっさりいただけます。

材料

- 豆腐 …………………………… 180g
- 衣
  - 地粉（国産小麦粉）…… 大さじ1強
  - 水 ……………………… 大さじ2
- 削り節 ………………………… 2／3カップぐらい
- ●かけ汁
  - だし …………………… 1カップ
  - しょうゆ ……………… 大さじ1
  - みりん ………………… 大さじ1

① 豆腐は、水を切って3等分にする。

② 地粉と水で衣を作り、豆腐の全面に濃いめの衣を付けて、削り節をまんべんなくまぶす。

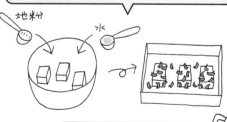

③ 中温（160～170度）の油で揚げる。

④ かけ汁の材料を煮立たせ、揚げた豆腐にかける。好みで大根おろし、ネギ、シソなどを添える。

かけ汁（おとな用）

- だし ………… 1カップ
- しょうゆ …… 大さじ2
- みりん ……… 大さじ2

かけ汁は揚げナス煮びたしにも使う。

☆大根おろし・ネギ・シソなど薬味はお好みで。

揚げナス煮びたし

ナスは油と相性がぴったりですが、油っこくなるのが難点。
でも、湯通しすると、あっさりした揚げナスになります。

材料
ナス………80～100g
煮びたしのだしは、揚げ出し豆腐の
余りを使う。

① ナスはまだらに皮をむき、大ぶりに乱切りにする。

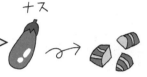

② 高温（180～190度）で少し色が付くまで揚げる。

③ 沸騰したお湯に、しっかり油を切った②を入れて、湯通しする。

④ よく湯を切って、揚げだし豆腐に使っただし汁の残りを温めて、浸み込ませる。

カラフルお月見だんご

白いお月見だんごもいいけれど、お月様色のだんごも楽しい。
噛み切りやすい上新粉（米粉）を使ってみました。
野菜はお好みで変えて。

材料
①ニンジン…………25g
②カボチャ…………30g
③ピーマン…………25g
④コマツナ…………25g
①～④それぞれに米粉50gと水（牛乳or豆乳）10ml程度を使用。
みつ：テンサイ糖30gと水45mlを煮立たせておく。ハチミツでもよい。

① ニンジン、カボチャ、ピーマン、コマツナはそれぞれ軟らかくゆでる。

② ゆでた野菜と水分をミキサーかブレンダーでそれぞれすりつぶす（すり鉢でも可）。米粉を混ぜる（耳たぶぐらいの硬さに）。

③ それぞれ丸めて、熱湯でゆでる。浮き上がってきたら、冷水に取り、冷ます。

④ みつを作り、だんごにかける。

●たんぽぽ保育園

10月のレシピ ①

旬のサバとこいもを味わう

- ナガイモのふわふわ汁 ……………… すり流すとふわふわに
- サバの焼き漬け …………………………… 薬味がたっぷり
- こいもご飯 ………………………… ご飯がぐんとおいしくなります

*材料はどれも子ども3人分（またはおとな1人分と子ども1人分）です。

ナガイモのふわふわ汁

ナガイモと卵でふわふわになります。

材料
- ナガイモ……………… 70g
- 大根………………… 20g
- ニンジン…………… 15g
- 卵…………………… 1/2個
- ネギ………………… 9g
- 塩…………………… 2g
- 薄口しょうゆ……… 2cc
- だし汁……………… 450cc

❶ ナガイモの皮をむき、すりおろしておく。

❷ 大根、ニンジンはせん切り、ネギは小口切りに。

❸ だし汁に大根、ニンジンを入れ、軟らかになるまで煮る。

❹ ナガイモとよく溶いた卵を混ぜておく。

❺ 塩、薄口しょうゆで味をつけ、ネギを入れる。

❻ ❹のナガイモと卵を混ぜた液を流し込み、さっと火を通して出来上がり。

サバの焼き漬け

たっぷりの薬味が、
魚のくさ味を消しておいしい。

材料
- サバ……… 40gの切り身3切れ
- ネギ……… 1/4本
- 青ジソ…… 3枚
- ショウガ… 3g

漬け汁
- 酢……………… 小さじ2
- 砂糖…………… 3g弱
- 濃口しょうゆ… 小さじ1

1. ショウガ、青ジソ、ネギをみじん切りにし、漬け汁を作る。

2. サバを焼いて❶の漬け汁に漬けておく。

こいもご飯

秋の味覚、サトイモを炊き込むと、
粘りが出て、ご飯がおいしくなります。

材料
- こいも（小さいサトイモ）…… 60g（大1個）
- ニンジン………………………… 5cm（15g）
- 油揚げ…………………………… 5cm角（9g）
- 干しシイタケ…………………… 1枚（3g）
- 薄口しょうゆ…………………… 大さじ1
- みりん…………………………… 大さじ1/2
- 米………………………………… 1合
- だし汁（かつお節など）と水… 水加減は普通

1. こいも（サトイモ）は皮をむき、厚さ5ミリのいちょう切り。ニンジンはせん切り、油揚げは油抜きして薄切り、干しシイタケは水に戻して、薄く切っておく。

2. 米を洗い、炊飯器に、だし汁と水で普通の水加減にする。

3. ❷の炊飯器に、サトイモ、ニンジン、油揚げ、干しシイタケ、薄口しょうゆ、みりんを入れて炊く。

●西野山保育園

10月のレシピ ②

秋はサケがおいしいんです

- 揚げイモ入り煮物 …………… 揚げイモで野菜のうま味が増す
- サケのゴマみそ焼き ………… 子どもを魚好きにする一品
- 豆乳みそ汁 …………………… 豆乳でまろやかなみそ汁に

*材料はどれも子ども3人分（またはおとな1人分と子ども1人分）です。

揚げイモ入り煮物

揚げたサツマイモが入ると、とても食べやすい味になります（ジャガイモやサトイモでもおいしい味が出ます）。

材料

ニンジン	30g
レンコン	30g
ゴボウ	25g
干しシイタケ	中1枚
サツマイモ	45～50g
こんにゃく	30g
コマツナ	18～20g
鶏もも肉	60g
しょうゆ	小さじ1と1/2強
みりん	小さじ1/2強
テンサイ糖	小さじ1/2強
油	適宜
塩	適宜
だし汁	250cc

＊乳児にはサツマイモを入れ、少し長めに煮ることで、スプーンですくいやすくなります。

❶ 干しシイタケを水で戻し、角切りに。ニンジン、レンコンは食べやすい大きさの角切りにする。鶏肉も同様に切る。ゴボウも角切りにしてゆで、コンニャクはスプーンで切り、熱湯をくぐらす。サツマイモはさっと素揚げにしておく。

❷ 鍋にだし汁と調味料を入れ、干しシイタケ、ゴボウ、ニンジン、レンコン、こんにゃくを入れて煮る。その後鶏肉も加えて煮る。

❸ ❷に素揚げしたサツマイモをさっと混ぜ合わせ、塩で味を調える。

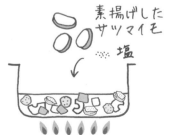

❹ 仕上げに切ったコマツナを散らす（混ぜる）。青みは好みで。

サケのゴマみそ焼き

みそと魚がよく合います。ギンダラや、カジキマグロ、白身魚でもおいしくできます。

材料
- 生サケ……… 約150ｇ
- みそ………… 小さじ3
- テンサイ糖…… 小さじ1
- すりゴマ……… 約小さじ3
- 油…………… 適宜
- みりん……… 小さじ1と1/2
- だし汁……… 約大さじ1弱

❶ みそ、みりん、すりゴマ、テンサイ糖、だし汁を合わせて、魚にからめる。

❷ 油をひいた天板に並べて170〜180度のオーブンで15〜20分焼く（オーブンにより温度調整）。
＊フライパンでもできます。

＊みそが焦げやすいので、火加減をよく見ながら焼く。

豆乳みそ汁

豆乳を入れるとまろやかになり、子どもたちも大好きです。タマネギやカボチャなど、季節の野菜でアレンジしてください。

材料
- 豆乳……… 120cc〜150cc
- ゴボウ…… 18g〜20g
- 大根……… 45g〜50g
- ニンジン… 25g〜30g
- コマツナ… 25g
- シメジ…… 30g
- みそ……… 8g〜（適宜）
- だし汁…… 150〜200cc（適宜）

❶ だしは、コンブや煮干しや魚の混合削りなど好みでとる。

❷ ゴボウ、大根、ニンジンは、1.2cmの長さ幅7mmほどの短冊に切る。シメジも同じ長さにそろえて切る。

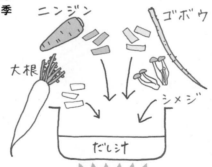

❸ だし汁で❷の具材を煮る。

❹ みそを入れ、味を調える。豆乳を入れ、すぐに火を止める（火からおろして豆乳を加えても良い）。

❺ ゆでたコマツナを細かく切って、青みに加える。

●井の頭保育園

豆腐を主菜に

10月のレシピ ③

- サツマイモご飯　……　黒米の紫色とのコンビで
- コマツナとシメジの煮びたし　……　青葉のミネラルをいただく
- 炒り豆腐　……　豆腐でボリュームおかず

*材料はどれも子ども3人分（またはおとな1人分と子ども1人分）です。

サツマイモご飯

ほくほくのサツマイモは、甘くてクリのよう。
黒米の紫とイモの黄色がきれいで、子どもたちの大好きなご飯です。

材料

白米…………1.5合
黒米…………大さじ1/4
サツマイモ…小1本（100g）
塩……………小さじ1/2

❶ 米はといで、普通のご飯の分量の水に浸けておく。

❷ 黒米はサッと洗ってお湯に浸けておく。

❸ サツマイモは、1cm角のさいの目に切る。

 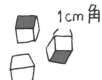

❹ ❶に水気を切った❷、❸と塩を入れて、軽く混ぜて炊く。

コマツナとシメジの煮びたし

カルシウム、鉄分、カロテンが豊富です。
水分が出たときは、水溶き片栗粉でとろみをつけ、
溶け出た栄養も全部いただきましょう。

材料
コマツナ……2株（120g）
シメジ………100g
塩……………小さじ1/3

① コマツナをよく洗って、2cmぐらいに切る。

② シメジは石づきを取って、小さく切るか、裂く。

③ 厚手の鍋に①と②を入れ、塩をふり入れ、ふたをして弱火で15分ほど蒸し煮する。

炒り豆腐

おかずとしてボリュームある一品です。
具はきのこやヒジキなど。
タマネギを長ネギにすると、甘さ控えめになります。

材料
もめん豆腐……1/3丁（100g）
タマネギ………小1個（100g）
ニンジン………90g
インゲン………3本
ゴマ油…………大さじ1
みそ……………大さじ1/2
塩………………小さじ1/2
白すりゴマ……大さじ1

① タマネギ、ニンジンはみじん切りにしておく。

② インゲンはゆでて、みじん切り。

③ フライパンに油をひいて、熱くなったところにタマネギを入れて炒め、ニンジンも入れて炒める。

④ ニンジンが軟らかくなったら、塩、みそを入れてなじませ、くずした豆腐を入れて軽く煮る。

⑤ 全体に味がまわったら、すりゴマを入れ、②のインゲンを入れて混ぜて、火を止める。

●麦っ子畑保育園

10月のレシピ ④

秋です！きのこを楽しもう

- きのこのイワシロール ……………………… 魚ときのこを一緒に
- シイタケ豆腐ハンバーグ …………………… シイタケではさみます
- きのこの納豆あえ …………………………… エリンギが大人気

＊材料はどれも子ども3人分（またはおとな1人分と子ども1人分）です。

きのこのイワシロール

みそのおかげで臭みも消えて、
イワシがおいしく食べられます。
きのこは何でもかまいません。

材料

- イワシ……………3匹
  （子ども1匹、おとな2匹）
- エノキなど………50ｇ
- シイタケ…………大1枚
- 青ネギ……………1〜2本
- 麦みそ……………小さじ2程度

❶ イワシは手開きにして、中骨・内臓を取り、開く。

❷ エノキ、シイタケは、イワシのサイズに合わせて切り、4等分にする。ネギも同様に。

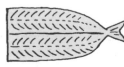
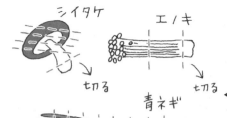

❸ 麦みそを1枚につき、小さじ2分の1程度、イワシの腹に塗り、エノキ、シイタケ、青ネギをのせて、ようじで留める。

❹ フライパンを熱し、油（適宜）をひき、❸の巻いたイワシを両面焼く。

❺ 焼けたら、食べやすいサイズに切って出来上がり。

シイタケ豆腐ハンバーグ

チリメンジャコの塩分で、子どもは十分食べられますが、酢じょうゆをかけてもおいしい。

材料
- シイタケ……………3枚
- （干しシイタケでも可）
- 豆腐………………100g
- タマネギ……………50g
- ニンジン……………20g
- チリメンジャコ……20g
- 片栗粉……………大さじ1
- 油……………………適量

① シイタケは、じく（足の部分）を取る。

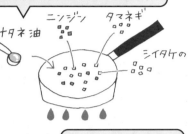

② タマネギ、ニンジン、シイタケのじくはみじん切りにし、炒めて冷ましておく。

③ ②が冷めたら、豆腐に混ぜて、チリメンジャコ、片栗粉を入れよく混ぜる。

④ シイタケの裏側に片栗粉（分量外）を軽く振り、③の豆腐のたねを4等分にしてのせる。

⑤ フライパンに油を適宜ひき、両面焼いたら出来上がり。

きのこの納豆あえ

きのこは何でもOKです。
子どもにはエリンギが人気があります！

材料
- シメジ………60g
- エノキダケ…60g
- 生シイタケ…3枚
- 納豆…………1パック
- チリメンジャコ…10g
- 梅肉…………10g
- 青ネギ………少々
- ゴマ油………少々
- 塩……………小さじ1/4弱

① シメジ、エノキ、シイタケは2cmの長さに切る。

② フライパンに、ゴマ油を熱し、①を炒める。そこへ塩を振る。チリメンジャコもこの時一緒に炒める

③ ②が冷めたら、納豆、たたいた梅肉を混ぜ合わせ、青ネギを散らしたら出来上がり。

☆ シイタケなどの石づき（じく）に、がんに有効な成分が集まっていることが報告されています。みじん切りにするなどで活用しましょう。なお、原木栽培のシイタケは、セシウム値の高いものがあるので、測定情報がわかるものを選びましょう。

● たんぽぽ保育園

10月のレシピ ⑤

おいもときのこを味わう

- サトイモのふわふわ揚げ……………クリーミーな食感が楽しめる
- きのこの炒めなます……………1、2歳児もできるきのこの房分け
- ゆでもち………………………………大分の郷土のおやつ

＊材料はどれも子ども3人分（またはおとな1人分と子ども1人分）です。

サトイモのふわふわ揚げ

サトイモはつぶして揚げると、クリーミーな食感に変身します。
歯ごたえのある具を入れると、食感の違いも楽しめます。

材料

- サトイモ………180g
- 干しヒジキ……1g
- ニンジン………20g
- ジャコ…………2g
- ネギ……………3g
- 片栗粉…………大さじ1
- 塩………………適宜
- しょうゆ………小さじ1/2ぐらい
- 揚げ油…………適宜
- ナタネ油………適宜

❶ サトイモは洗って皮付きのまま蒸す、またはゆでる。火が通ったら皮をむいてつぶし、塩を少々加える。

❷ ヒジキは水で戻し、ニンジンは千切りにし、フライパンにヒジキ、ニンジン、しょうゆを入れて、炒め煮する。

❸ ❶に❷を入れ、小口切りにしたネギ、ジャコ、片栗粉を入れよく混ぜて、1口大に丸める。

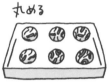

❹ 170℃の油で揚げる。

☆中に入れる具は、残りものの食材でも応用できます。
☆丸めるときはべたつくので、スプーンを使ったり、手を濡らすと丸めやすいです。

きのこの炒めなます

きのこの房分けは1、2歳児のお手伝いに最適。
一つひとつていねいに分けてくれます。

材料
- シメジ……………60g
- マイタケ…………60g
- エノキダケ………60g
- しょうゆ…………小さじ1
- みりん……………小さじ1
- 酢…………………小さじ1
- 梅酢………………小さじ1
- ゴマ油……………少々
- 青ネギ……………少々
- すりゴマ…………少々

☆きのこはなんでも合います。野菜や肉などを加えてもおいしくできます。
☆なます：酢の物とも呼ばれます。

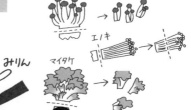

❶ シメジ、エノキは石づきを取り、小房に分け、マイタケは手で割く。

❷ フライパンを熱し、ゴマ油が回ったらしょうゆ、みりん、酢を入れ、❶をいるように炒める。

❸ 汁気がなくなってきたら梅酢を加え、味を整えて出来上がり。すりゴマ、彩りのネギ（小口切り）を飾る。

ゆでもち

サツマイモの味がしみじみおいしい。
大分の郷土料理で子どもたちも大好きです。

材料（作りやすい量：8個分）
- 地粉（国産小麦粉）……200g
- 塩…………………小さじ1/2
- 水…………………約120cc
- サツマイモ………200g
- 塩…………………少々

❶ 地粉に様子を見ながら水を加えてこねる。耳たぶくらいの硬さになったら、20分ほど寝かせる。

❷ サツマイモは蒸して（ゆでても良い）よくつぶす。塩を少々加え、8個分に分けて丸める。

❸ ❶も8等分に分けて❷を包み、手で平たくする。

❹ ❸をお湯に入れ、浮かんできたらザルに上げて、水分を取れば、出来上がり。

☆皮が破れるとゆでるさい、中のあんが出てしまいます。あんを包んだり平たくするときに、破れやすいので気をつけましょう。
☆サツマイモで甘さは十分に感じられますが、物足りない方は砂糖を入れてください。
☆包むあんは小豆あん、カボチャあんなどにしてもおいしいです。

●たんぽぽ保育園

11月のレシピ ①

山海の旬を食べる

- サンマのかば焼き ……………………… 丼ご飯でモリモリ
- シメジご飯 ……………………………… 定番ご飯きのこの炊き込み
- 鶏肉とゴボウの土佐煮 ………………… ゴボウのおいしさがわかります

＊材料はどれも子ども3人分（またはおとな1人分と子ども1人分）です。

サンマのかば焼き

旬のサンマは、そのまま塩焼きでも絶品。
甘辛手作りたれで一手間かけて、かば焼きに。

材料

- サンマ………2匹
- 片栗粉………少々
- 油……………適量
- ゴマ…………適量

たれ
- 砂糖…………小さじ1
- みりん………大さじ1
- しょうゆ……大さじ1
- 水……………大さじ1

❶ サンマは頭としっぽ、内臓を取り開く。中骨を取り除き、4切れに切る。

❷ ❶の水気をふきとり、片栗粉をまぶし、フライパンで両面をこんがり焼く。

❸ 中まで火が通ったら、火を止め、合わせたたれを回しかける。

❹ 皿に盛り付けた後、飾りゴマをふる。

☆ 甘辛い手作りのたれで、魚嫌いの子にも好評。また、ご飯の上に載せてかば焼き丼にしてもよく食べます。

シメジご飯

シメジのほか、マツタケ、シイタケなど手に入るきのこならなんでもおいしく炊き上がります。

材料

米	1合
シメジ	50g（小1/2パック）
ニンジン	3cm
薄口しょうゆ	大さじ1
みりん	小さじ1

☆米1合に薄口しょうゆ大さじ1杯が基本の味付けです。

❶ シメジは石づきをとり、細かくほぐす。ニンジンは千切りにする。

❷ 米は洗って、炊飯器で30分以上漬けておく。（水加減はいつもと同じ）

❸ 炊く直前に、大さじ1杯の水をすくい出し、その分調味料を加え、少し混ぜる。❶も加えて一緒に炊く。

❹ 炊きあがったら、軽く具を混ぜる。

鶏肉とゴボウの土佐煮

子どもが苦手なゴボウもこれなら食べます。

材料

鶏もも肉	40g
ゴボウ	40g（12cm1本）
ニンジン	3cm
サヤインゲン	5本
糸こんにゃく	50g
しょうゆ	大さじ1
砂糖	大さじ1
かつお節	3g

❶ 鶏肉は一口大に切る。ニンジンは半月の薄切り。

❷ サヤインゲンは、ゆでて3〜4cm長さに切る。ゴボウはななめ薄切りにして下ゆでしておく。糸こんにゃくも3〜4cm長さに切り、さっと下ゆでしておく。

❸ 温めた鍋に油をひき、中火で❶を炒める。鶏肉の色が変わってきたら、❷を加え、水またはだしを材料の八分目くらいまで入れる。ふたをして、10分ぐらい中火で煮た後、調味料を入れる。煮汁が煮詰まったら火を止めかつお節を入れよく混ぜる。

☆鶏肉は豚肉に代えてもよいです。ゴボウは軟らかめに下ゆでしておくと、小さな子どもも食べやすいです。

●風の子保育園

11月のレシピ ②

新米ともちキビをおいしく

- クリとシメジ・ソーセージの炊き込みご飯………クリの味がたまりません
- もちキビバーグあんかけ………………………キビでもっちり食感
- サトイモのから揚げ……………………………やみつきになる一品

*材料はどれも子ども3人分（またはおとな1人分と子ども1人分）です。

クリとシメジ・ソーセージの炊き込みご飯

ソーセージのもつうまみとクリの甘みとで、
クリの苦手な子も食べられます。
もち米を好みで入れてもおいしい。

材料

米	120～140g
むきクリ	60～70g（約大3個～4個）
シメジ	30g
ニンジン	15g
無添加ソーセージ	約30g
ミツバ（好みの青物）	少々

A
- 酒 …… 3g
- 塩 …… 少々
- しょうゆ …… 小さじ2/3
- コンブ …… 少々
- 油 …… 少々

❶ 米は洗って30分ほど浸けておく（少し硬めがよい）。

❷ むいたクリは、食べやすい大きさに切る。ニンジンは短めで、細めの短冊切り。ソーセージは薄切り。シメジは、石づきを取って、ほぐし、大きい部分は半分から1/3の食べやすい長さに切りそろえる。

❸ 油でソーセージを軽く炒める。

❹ ❶の中に❷の野菜、❸のソーセージ、Aの調味料を加え、よく混ぜて、普通に炊き上げる。

❺ ❹にミツバを散らす（好みでコマツナでも）。

もちキビバーグ
あんかけ

軟らかくても崩れにくく、
子どもが自分で切り分けて食べやすいハンバーグです
（卵なしでもおいしくできます）。

材料

A
- 鶏ひき肉……………… 120g
- タマネギ……………… 50g
- パン粉………………… 15g
- プロセスチーズ……… 15g
- 塩、ショウガ汁……… 適量
- もちキビ……………… 35〜40g
- 油……………………… 適量

B
- タマネギ……………… 25g
- ニンジン……………… 15g
- ピーマン……………… 18g
- シメジ………………… 30g
- 生シイタケ…………… 15g
- トマトケチャップ…… 大さじ1と1/2
- テンサイ糖…………… 小さじ1/2強
- 塩……………………… 適量
- だし汁または水……… 300cc
- （水溶き片栗粉）

1. もちキビは、軟らかくなるまで煮ておく。
2. Aのタマネギはみじん切りにして、炒める。チーズは約5mmの角切り。
3. ボウルに、Aの油以外の材料を合わせる。
4. 形を整えて、フライパン（または天板）に並べて焼く。

あんの作り方

5. Bの野菜の具材を1.5cmほどの長さに切り、だし汁または、水で煮込む。
6. 煮えてきたら、トマトケチャップ、テンサイ糖を加えて煮て、塩を加え、味を調える。
☆水溶き片栗粉でとろみをつけると、乳児は食べやすい
7. 焼いたハンバーグにできた野菜のあんをかけて、できあがり。

サトイモの
から揚げ

外はカリッと、中はしっとり。ご飯の副菜やおやつに。
大人はおつまみに。やみつきになる一品です。

材料
- サトイモ… 150g（正味）
- 青ノリ…… 適量
- 塩………… 適量
- 片栗粉…… 適量
- 油………… 適量

1. サトイモは皮をむき硬めにゆでる。
2. ①に片栗粉をまぶします。半分は青ノリを好みの量まぜる。
3. 中温でカラッと揚げて、塩を振る。

●井の頭保育園

11月のレシピ ③ 伝統食・呉汁をきちんと伝える

- 呉汁 ……………………………………… 手間をかけて大豆パワーを食べる
- サトイモグラタン ……………………… 旬のサトイモが主役のグラタン
- イカとキャベツのオイマヨ炒め ……… 味付けが決め手

＊材料はどれも子ども3人分（またはおとな1人分と子ども1人分）です。

呉汁

大豆パワーいっぱいの汁物です。
家庭ではなかなか味わえなくなった貴重な一品です。

材料
- 大豆…………18g
- ゴボウ………15g
- 大根…………15g
- ニンジン……15g
- ネギ…………6g
- 厚揚げ………15g
- みそ…………12g
- かつおだし汁……450cc

① 大豆は圧力鍋で軟らかくした後、ミキサーでつぶしておく。

② ゴボウはささがき、ニンジンと大根はイチョウ切り、ネギは小口切り、厚揚げは、3cmに切る。

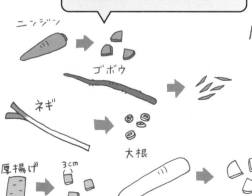

③ 季節の野菜と厚揚げをかつおだしで軟らかくなるまで煮て、大豆を入れ、みそで味つける。

サトイモグラタン

旬のサトイモを主役にした子どもが大好きなグラタン。
栄養も満点で、秋の味覚を堪能できます。

【材料】
- 豚ひき肉…45g
- サトイモ…150g
- ニンジン…15g
- タマネギ…30g
- コーン……10g
- おから……30g
- 塩……………1g
- ケチャップ…15g
- チーズ………適量
- 油……………適量

1. サトイモは皮つきのまま、水からゆがく。串が刺さるようになったら、ざるに上げ、やけどに気をつけながら皮をむく。
2. ニンジンはイチョウ切り。タマネギは薄切り。サトイモは輪切り。
3. 鍋で豚ひき肉を炒め、色が変わったらニンジン、タマネギも入れて炒める。
4. 油が回ってきたら、コーン、サトイモ、おからを入れてさっと混ぜ、塩とケチャップで味つけをする。
5. 耐熱容器に入れ、表面にチーズを散らして、焦げ目がつくまで焼く。

イカとキャベツのオイマヨ炒め

イカとキャベツというシンプルな素材も、味つけの工夫で、子どもたちの大好きな献立になります。

【材料】
- イカ………60g
- キャベツ…60g
- ネギ………6g

【調味料】
- オイスターソース…大さじ1
- マヨネーズ…………大さじ1
- 油……………適量

1. イカは輪切りか、食べやすい大きさに切る。
2. キャベツは一口大。ネギは小口切り。
3. フライパンでイカとキャベツを炒め、混ぜ合わせておいた調味料で味つけし、ネギを散らしてできあがり。

●杉の子保育園

11月のレシピ ④ 野菜てんぷらで秋の味覚を楽しむ

- 天丼 …………… サックリ揚がるてんぷらで
- 大根ステーキ …………… 野菜好きの絶品レシピ
- レンコンの梅あえ …………… レンコンの甘味が魅力

＊材料はどれも子ども3人分（またはおとな1人分と子ども1人分）です。

天丼

衣に卵を使わなくても、サックリと揚がります。
季節の野菜を使って、お試しください。

材料
- タマネギ……………15g
- ゴボウ………………10g
- ニンジン……………10g
- ネギ（青いところ）…少々
- カボチャ……………24g（3枚）

衣
- 小麦粉……大さじ3
- 片栗粉……小さじ1/2
- 塩…………少々
- 水…………大さじ2
- ナタネ油…適宜
- ご飯………適宜

たれ
- コンブだし…大さじ3
- しょうゆ……小さじ1
- 塩……………少々

❶ コンブだしを煮立て（沸騰させすぎない）、しょうゆを加え、塩で味を整える。お吸い物より、濃い目にする。

❷ タマネギはスライス、ゴボウとニンジンは千切り。ネギは細かい小口切りにする。

❸ カボチャは、スライスする。

❹ 衣の材料をさっくりと混ぜる。

❺ ナタネ油を170〜180度に熱し、カボチャを衣にくぐらせ、揚げる。

❻ 残りの衣にカボチャ以外の野菜を入れ、3等分して揚げる。

❼ 器にご飯を盛り、てんぷらをのせ、たれをかけていただく。

大根ステーキ

大根をシンプルに焼いたステーキ。
ご家庭では、ふろふき大根を多めに作り、
翌日はステーキにすると簡単にできます。

材料

- 大根………1cm～1.5cm厚さのもの3枚
  （太い大根の場合　1/2枚でも）
- コンブ……少々
- 塩…………少々
- ニンニク…少々
- しょうゆ…小さじ1
- ナタネ油…適宜

☆今回は、たれにニンニクを入れる方法をご紹介しましたが、焼く時の油にスライスしたニンニクを入れて、香りをつけるのもおいしい。

① 大根は、1cm～1.5cmに切り、煮えやすいように、隠し包丁を入れます。

② たっぷりの水に、コンブと塩少々を入れ、大根を入れて、下ゆでする。

③ すりおろしたニンニクと、しょうゆを合わせる。

④ フライパンを熱して、ナタネ油を入れ、軽く水切りした大根を入れ、両面を軽く焼く。

⑤ ③のしょうゆを回しかけ、焦げないように両面をこんがりと焼く。

☆たれのニンニクに、火が通るようにする。

レンコンの梅あえ

レンコンの甘みと梅の酸味が絶妙。
レンコンの食感をなくさないように、ゆで過ぎに注意。
梅干しは添加物のない昔ながらの本物を使いましょう。

材料

- レンコン…90g
- 梅干………1/2個
- 塩…………少々

① レンコンは洗って、縦に1/4くらいの薄いイチョウ切りにする。

② 鍋にたっぷりのお湯を沸かし、塩を入れて①をゆでる。

③ 梅干しは種を取って包丁でたたいておく。

④ ②と③をあえる。

つけあわせ　五目豆（トラ豆、ニンジン、こんにゃく、ゴボウ、コンブ）

●麦っ子畑保育園

11月のレシピ ⑤ 秋の食材で体調づくり

- サトイモと小豆の混ぜご飯 …………… お赤飯風にアレンジ
- ハクサイと柿の甘酢漬け ……………… 柿の甘味で食べやすく
- 豆腐とレンコンの揚げだんご …… レンコンの歯ざわりを楽しむ

＊材料はどれも子ども3人分（またはおとな1人分と子ども1人分）です。

サトイモと小豆の混ぜご飯

小豆の煮汁も使ってピンク色のお赤飯風混ぜご飯。
ミネラルもたっぷりです。

材料

- 米………… 100g
- サトイモ…… 50g
- 小豆………… 15g

A
- しょうゆ…… 小さじ2/3
- 砂糖………… 小さじ1/2
- みりん……… 小さじ1/2
- 酒…………… 小さじ1/2

① 鍋に小豆とたっぷりの水を入れて火にかけ、沸騰したら2度ほど水をかえながら軟らかくなるまで煮る。煮汁と小豆を分ける。

③ Aに①の煮汁を合わせて120mlになるようはかる。

④ 炊飯器に米と③を入れて炊く。

② サトイモは皮をむき、塩もみ（分量外）してぬめりをとってからゆでて、水を切る。

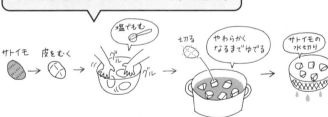

⑤ 炊きあがったご飯に小豆、サトイモを混ぜる。

ハクサイと柿の甘酢漬け

柿が入ると甘みが増して、子どもが苦手な葉物もおいしく食べられますよ。

材料
ハクサイ………130g
ニンジン………15g
カットワカメ…1g
柿………………30g

A ┌ 酢………大さじ2/3
  │ 砂糖……大さじ1/2
  └ 塩………小さじ1/6

① ハクサイは、先端の葉の部分をざく切り、白い部分は拍子切り、ニンジンは短冊切り、柿は薄切りにする。

② ハクサイは、熱湯にさっと通して、冷水で冷やしてよく絞る。ニンジンもゆでておく。カットワカメは水で戻してから絞る。

③ Aを鍋に入れて火にかけ、ひと煮立ちさせ、甘酢を作る。

④ 甘酢にハクサイ、ニンジン、ワカメ、柿を浸けこむ。

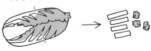

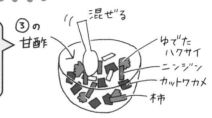

豆腐とレンコンの揚げだんご

レンコンのシャキシャキ感が楽しいお団子です。
甘酢あん、みそだれ、
おつゆに入れてもおいしい。

材料
もめん豆腐……100g
レンコン………30g
キクラゲ………大1枚分
ニンジン………10g
アサツキ………彩り程度

A ┌ ショウガ汁……小さじ1/2
  │ 塩………………小さじ1/6
  └ 片栗粉…………小さじ3

揚げ油……………適量

① もめん豆腐はかためにしっかりと水切りする。レンコン、ゆでたキクラゲ、ニンジン、アサツキはみじん切りにする。

② ①にAを合わせてよく混ぜ、(※豆腐の水切り具合でかたさが変わるので、軟らかすぎる場合は片栗粉で調節する)6等分にし、団子状に丸める。

③ 170〜180度の油で、こんがり色がつくように揚げる。

●わらしこ保育園

12月のレシピ ①

クリスマスにこんなメニューはいかが

- 鶏の山賊焼き……………………… パーティー献立にも大人気
- マカロニグラタン………………… 子どもが大満足のグラタン
- イチゴサンタ……………………… クリスマスのとっておきデザート

＊材料はどれも子ども3人分（またはおとな1人分と子ども1人分）です。

鶏の山賊焼き

山賊のように骨付きの肉を食べることから、子どもたちが名付けました。
鉄砲や、かまのようなイメージもあるようです。

材料

- 手羽先……………………… 6本（300g）
- 濃口しょうゆ……………… 大さじ1～2
- ゴマ油……………………… 少々
- ニンニク、ショウガ……… 少々

① 鶏手羽先にしょうゆとショウガ・ニンニクをすり入れ、ゴマ油をかけてもみ込む。

② 10分ほど置いたら、天板に油をしき、肉をのせ、180度のオーブンで15分ほど焼く。途中フォークで皮に傷を付けて、油を出しておくと照りが出る。

マカロニグラタン

小麦粉を、具材に絡ませることで、
ホワイトソースがだまになりません。

材料

鶏もも肉…100g　コロコロに切る
タマネギ…1/4個　5cmくらいに薄切り
ニンジン…2cm
　　　　　薄切りし星型で抜き、ゆでておく。
　　　　　オーブンに入れるときのせる。
マカロニ…25g（ゆでておく）
バター……15g
小麦粉……大さじ2
牛乳………200cc
塩…………小さじ1/2
粉チーズ…少々

① 鍋にバターを入れ、タマネギを加えて炒める

② ①に鶏肉を加え、塩を入れ、色が変わるまで炒める。小麦粉を振り入れて、全体になじませるように炒め（ここで焦がさないように火加減に注意）、牛乳を入れて、なべ底からよく混ぜる。

③ ゆで上がったマカロニを加える。

④ ③を耐熱容器に入れて、チーズとゆでた星型のニンジンを飾る。

⑤ オーブン200度で色付くまで焼く。

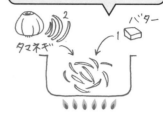

イチゴサンタ

クリームをサンタの顔とひげに見たてて作ります。
クリスマスの食卓を楽しくします。

材料

イチゴ…………3個
生クリーム……30ccぐらい
粉砂糖…………少々

① 生クリームに、粉砂糖を入れて泡立て、絞り袋に入れる。

② イチゴはへたを取り、座りをよくする。先を上にして、1/3上部を切り落とす。

③ 下の切り口にクリームを絞り、切った上部をのせて、先端にもちょこっとクリームを付ける。

手前がイチゴサンタ

●朱い実保育園

12月のレシピ② 冬は体を温める根菜類が主役

- カブのヒエクリーム煮 …………… とろっとやわらかいカブを味わう
- ブラウンシチュー ………………… 手軽に作れるコクのあるシチュー
- リンゴの淡雪のせ ………………… リンゴ本来の甘みでやさしい気持ちに

＊材料はどれも子ども3人分（またはおとな1人分と子ども1人分）です。

カブのヒエクリーム煮

たくさん食べても、飽きのこないクリーム煮です。
カブのうま味とヒエクリームのやさしい味で、
心も体も温まります。

材料
- カブ………………中3個（240g）
- ヒエクリーム……小さじ3
- 塩…………………少々

① カブはくし型に切り、少量の水と塩を入れ蒸し煮する。

② カブが軟らかくなってきたら、1カップの水で溶いたヒエクリーム（下記の作り方参照）を入れる。

③ ヒエクリームに火が通り、とろみがついたら、塩で味を整えてできあがり。

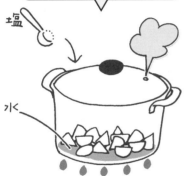

☆カブは切らずに丸いまま2個重ね、雪だるまに見たてると、クリスマスらしい演出に。ニンジンやブロッコリーを飾るときれいです。

ヒエクリームの作り方
できあがり約2カップ

① ヒエは洗った後、半分はおかゆを作る要領で煮る。
② 残りの半分は水に浸けておく。
③ ②をざるにあげ、煮えた①と合わせてミキサーにかけ、なめらかなクリーム状にする。
④ 冷えたら小分けにして、残れば冷凍する。

ヒエを煮たものと、水に浸けたヒエを半々にしてミキサーにかける。

ブラウンシチュー

手間のかかるブラウンソースを作らなくても
手軽に味わえるシチューです。
蒸し炒めの代わりに、
油で炒めるとコクが出ます。

材料
タマネギ………80g
ニンジン………150g
シメジ…………60g
ブロッコリー…40g
大根……………40g
みそ……………大さじ1.5
ケチャップ……大さじ1
塩………………少々

タマネギ　ニンジン　大根　シメジ

① タマネギ、ニンジン、大根、シメジは、1～1.5cm角ぐらいの乱切りにしておく。ブロッコリーは小房に分けて塩ゆで。
ブロッコリーは塩ゆで

② 鍋にシメジ、タマネギ、大根、ニンジンを重ねて入れ、塩を振って蒸し炒めする。

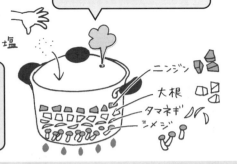
ニンジン　大根　タマネギ　シメジ

③ 根菜が軟らかくなったら、1カップの水とケチャップ、みそを入れる。沸騰して味がなじんだら、ブロッコリーを入れて盛りつける。

リンゴの淡雪のせ

まったく砂糖を使わず、
リンゴ本来の甘味を塩で引き出します。
甘酒も米と麹によって作られる自然な甘さ。
この甘みを感じると、やさしい気持ちになります。

材料
リンゴ…小半個
塩………少々
甘酒……小さじ1

① リンゴはくし型に切る。厚手の鍋に入れて、塩少々を振ってから、大さじ1の水を入れ、ふたをして蒸し煮する（透きとおるくらいに）。

リンゴ　　塩　水

② リンゴに冷やした甘酒をかけて、できあがり。

甘酒の作り方

材料
麹…500g
米…1合

作り方
① 米を炊飯器でおかゆに炊く。
② ①に麹を少しずつ入れて混ぜる（65度に下がらないうちに）。そのまま5～8時間くらい保温。
③ 鍋に移して混ぜながら60～70度に加熱。
④ 5～6時間後に再加熱してできあがり。

●麦っ子畑保育園

12月のレシピ ③ クリスマスのお楽しみメニュー

- ケーキご飯 …………………… 三色三段のケーキ型ご飯
- ポテトとサケの和風グラタン ……… チーズ・バター不使用です
- こうや豆腐と大豆のマセドアンサラダ ……… さいの目野菜のサラダ

＊材料はどれも子ども3人分（またはおとな1人分と子ども1人分）です。

ケーキご飯

三色の味付けご飯を三段に重ね、三角にカットすると、ご飯のミニケーキのできあがり。
きれいに切るために、しっかり押してご飯を詰めてください。

材料
炊いたご飯…2合

A. ニンジンご飯
- ニンジン…80g
- 塩…………小さじ1/8
- 油…………10g

B. 大根葉ご飯
- 大根葉……5g

C. カレーご飯
- タマネギ…小1/2個
- 塩…………小さじ1/8
- カレー粉…小さじ1/2
- みりん……小さじ1/2
- 油…………少々

❶ Aのニンジンはすりおろす。油少々で炒め、塩で味付けしておく。

❷ Bの大根葉はみじん切りにして、塩でもんでおく。

❸ Cのタマネギはみじん切りにする。油少々でしんなりするくらいに炒め、カレー粉、みりん、塩を入れて炒めあげる。

❹ ❶❷❸それぞれを3等分したご飯に混ぜる。味見して、塩が足りなければ少々加える。

❺ バット、ケーキ型などの入れ物にラップを敷き、ご飯をカレー、大根葉、ニンジンの順にきっちり敷き詰める。段が薄いと色がきちんと出ないので、厚めにする。

❻ まな板などの上で❺を裏返し、ラップをはずして、ケーキ形に切る。ゆでて星形に切り抜いたニンジンやブロッコリーなどを飾り、ケーキに見立てる。

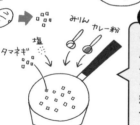

☆ ご飯には、それぞれジャコ、ツナ、ゴマなどを混ぜてもおいしく、色付けは、クチナシ、ゆかり、トマトジュースでもできます。

ポテトとサケの和風グラタン

チーズもバターも使わないので、
アレルギーの子どもも安心して食べられます。

材料

ジャガイモ…2個　生サケ…1切れ
ブロッコリー…50g
ホワイトソース（失敗なくできる量）

A ┌ 小麦粉……大さじ1
　│ ナタネ油…大さじ1
　│ 豆乳………180cc
　└ みそ………小さじ1/2

塩……………少々
パン粉………適宜

① ジャガイモはゆで、こふきいもにして塩味をつけておく。

② サケは塩少々をふって焼き、3等分に切る。

③ ブロッコリーはゆでておく。

④ ホワイトソースを作る。小鍋やフライパンにAを入れて火にかけ、泡だて器でとろみが出るまでよく混ぜる（火を通し過ぎると固くなるので注意）。最後に塩で味を調える。

⑤ アルミカップに、①②③を彩りよく並べ、④のホワイトソースをかけて、パン粉を散らす。

⑥ オーブントースターやオーブンで表面に焦げめがつくまで焼く。

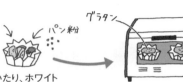
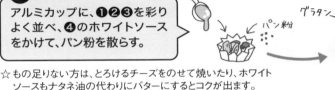

☆もの足りない方は、とろけるチーズをのせて焼いたり、ホワイトソースもナタネ油の代わりにバターにするとコクが出ます。

こうや豆腐と大豆のマセドアンサラダ

こうや豆腐は、水で戻して下味をつけておきます。

材料

こうや豆腐……1枚
ゆでた大豆……30g
ニンジン………40g
サツマイモ……50g
ホウレンソウ…50g
キャベツ………30g

ドレッシング

┌ ナタネ油…大さじ1
│ 米酢………大さじ1/2
│ みそ………小さじ1/2
└ しょうゆ…少々

① こうや豆腐は、水で戻してからサイコロ状に切って、だし1カップ、しょうゆ小さじ1/4で煮て、下味をつけておく。

② ニンジンとサツマイモはサイコロ状に切ってゆでる。キャベツとホウレンソウはゆでて、1cm角に切る。

③ ドレッシングの材料をよく混ぜて、野菜が温かいうちに混ぜる。ゆでた大豆も入れて、味がしみたらできあがり。

☆マセドアンとはさいの目切りのこと。
☆ホウレンソウは色が変わりやすいので、よそる直前に混ぜるときれいです。

●たんぽぽ保育園

12月のレシピ ④ 体も心も温まる根菜料理

- レンコンコロッケ……………………レンコンのもちもち感を楽しむ
- 和風チャプチェ………………………千切り野菜と春雨炒め
- 大根もちのだしあんかけ……………すりおろし大根と白玉粉で

＊材料はどれも子ども3人分（またはおとな1人分と子ども1人分）です。

レンコンコロッケ

レンコンはすりおろすと、もっちり甘くておいしいですね。おやきは定番ですが、今回はコロッケにしてみました。パン粉をまぶすだけで簡単です。

材料
- レンコン………150g
- ニンジン………20g
- ネギ……………10g
- イカのゲソ……30g
- 片栗粉…………大さじ1
- しょうゆ………小さじ1/2弱
- パン粉…………適宜
- ナタネ油………適宜

❶ レンコンはすりおろし、軽く水分をきる。

❷ ニンジンは小さめの千切り、ネギは小口切り、イカのゲソは5mmくらいのブツ切りにする。

❹ ❸は少しゆるめだが、形を作って、じかにパン粉をつける。

❺ 170度くらいの油で、こんがり揚げたらできあがり。

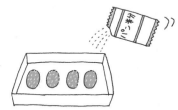

❸ すりおろしたレンコンに❷を混ぜ、片栗粉、しょうゆを入れる。

☆中に入れる具は何でもよいです。イカゲソのかわりにジャコやひき肉でもいいし、野菜も、シイタケやゴボウなど、あるものを活用しましょう。

和風チャプチェ

千切りにした野菜を別々に炒めて、ナムルを作り、
春雨と合わせる簡単メニューです。
ゴボウのナムルがよくあい、野菜をたっぷり食べられます。

材料

春雨	40g	ジャコ	20g
ゴボウ	40g	ゴマ油	適宜
ニンジン	30g	しょうゆ	適宜
モヤシ	30g	塩	適宜
干しシイタケ	1枚	ゴマ	適宜
ホウレンソウ	40g		

☆材料を合わせた時に濃い味にならないよう、炒めるときに、味をつけ過ぎないよう気をつける。

① 春雨は水で戻して食べやすい大きさに切り、ゴマ油少々で炒めて、しょうゆ少々で味をつける。
ニンジンは千切りにしてゴマ油少々で炒めて、塩味をつける。

② ゴボウ、戻したシイタケは千切りにしてゴマ油で炒め、しょうゆ小さじ1/2で味をつける。これは一緒に炒める。
モヤシはゴマ油少々で炒め、塩で味をつける。
ホウレンソウはさっとゆでて、千切りにし、しょうゆ少々で味をつける。ジャコはゴマ油少々でカリカリに炒める。

③ 最後に全部の材料を合わせて、すりゴマをふる。

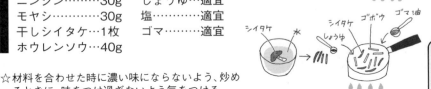

大根もちの だしあんかけ

だしあんでいただく大根もちなので、
おかずにもおやつにもなります。

材料 （作りやすい分量）

大根	100g
白玉粉	100g

●だしあん

だし	1カップ
しょうゆ	大さじ1
みりん	50cc
片栗粉	小さじ2強

ネギ、きざみノリ適宜

☆大根は、しっぽの部分が辛いので、首の甘い部分がよい。

① 大根はすりおろし、白玉粉とよく混ぜる。大根の水分によって硬さが変わるので、足りないようだったら水分を足す。

② 食べやすい大きさに丸めて、ゆでる。

③ だしあんをつくる。だし、しょうゆ、みりんを沸騰させ、片栗粉でとろみをつける。

④ だんごの水を切って、器に入れ、だしあんをかけて、きざんだネギ、ノリを散らす。

●たんぽぽ保育園

12月のレシピ ⑤ アレルギーの子も食べられるクリスマスメニュー

- ●魚のパン粉焼き ……………………………… 卵ぬきで安心なレシピ
- ●ニンジンのドレッシングあえ …… 苦手なニンジンもこのレシピで
- ●スイートポテトロール …………………… 子どもと作れるポテトのパン

＊材料はどれも子ども3人分（またはおとな1人分と子ども1人分）です。

魚のパン粉焼き

魚はサケ、カラスカレイ、サワラ、メルルーサ、赤魚など何でも大丈夫。
三枚におろして切り身にします。
地粉を水で溶いて衣にし、パン粉をつけて焼くので、卵アレルギーの子も食べられます。

材料

- 魚の切り身 ……………… 3切れ
- 塩 ………………………… 少々
- パン粉 …………………… 適宜
- 地粉（国産小麦粉） ……… 25〜30g
- ナタネ油 ………………… 適宜

（小麦アレルギーの子どもには、米粉を付けてムニエルに）

❶ 魚は塩を振って、少し置いておく（塩こうじに浸けてもよい）。

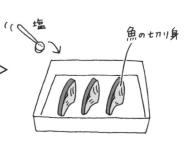

❷ 魚の水気を拭き取って、水に溶いた地粉（ホットケーキのタネくらいの硬さ）に付けて、パン粉をまぶす。

❸ 鉄板に並べて、3切れに大さじ1くらいの油をかけて、170度のオーブンで10分くらい焼く。
＊オーブントースターで焼いてもよい。こげやすいので注意。

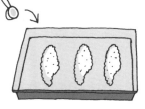

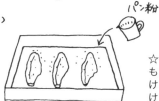

☆子どもはこのままでも大丈夫。もの足りなければソースなどをかけていただく。

ニンジンのドレッシングあえ

果物の入ったサラダは、子どもたちの大好物。レーズンの替わりに、リンゴや干し柿、柿、ミカン、干しイチジクなどでもおいしいです。

材料

- ニンジン………150g
- ドレッシング
  - ナタネ油……………大さじ2
  - カボスの絞り汁………大さじ1
  - 塩……………………小さじ1/4
  - レーズン（干ぶどう）…20g
- 青みになる野菜（カイワレ、ミズナなど）…少々

1. ニンジンは皮をむいて千切りにする。塩を振っておく（皮はむかなくてもよいが、むいたほうが出来上がりがきれい）。

2. レーズンは大きめのみじん切りにする。ドレッシングの材料をすべて混ぜる。
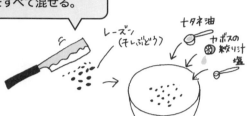
3. ニンジンがしんなりしたら、水気を絞り、❷であえる。皿に盛ったら青みとなる野菜を飾って出来上がり。

スイートポテトロール

パンが主食なんてこんな日だけ。発酵なしのパンです。ロールパン型に成形するのも簡単なので、子どもたちと一緒に作っても、楽しいですね。

材料 （作りやすい量：12個分）

- サツマイモ……150g
- ナタネ油………20g
- キビ砂糖………25g
- 塩……………小さじ1/4
- 水（豆乳or牛乳でも可）…70〜90cc
- 地粉（国産小麦粉）………200g
- ベーキングパウダー*……大さじ1

*アルミニウムが入っていないもの。

1. サツマイモは皮をむいてゆでてつぶす。
2. 地粉とベーキングパウダーを合わせてふるう。❶にそのほかの材料を入れて、耳たぶくらいの軟らかさになるまでよくこねる。サツマイモの軟らかさを見て水分量は変える。

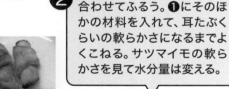

3. ❷を丸くのして12等分にする。その一切れを外側から巻いてロールパン型にする。大量に作るときは簡単な方法です。
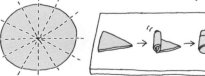

4. 全部巻いたら180度のオーブンで10〜15分焼きます。

☆小麦アレルギーの対応食として、米粉でも同じように作れますが、巻くときにひびが入りやすいので、注意してうまく巻きましょう。

●たんぽぽ保育園

乳幼児期の食事の大切さと保育園給食の役割

どんぐり保育園元栄養士　**北方幸江**

　0歳から6歳までの乳幼児期は、脳神経系をはじめ心身が著しく成長発達する重要な時期です。その土台が食事であることは、あらためて言うまでもありませんが、「食べる・寝る・遊ぶ」が基本の乳幼児にとって、「食」が果たす割合はとりわけ大きいものです。

　乳幼児期は味覚や食習慣が形成される大切な時期でもあります。しかし、子どもに限らず私たちの食生活は今、大きな問題をいくつも抱えています。たとえば、「食育基本法」（2005年制定）では、「国民の食生活においては、栄養の偏り、不規則な食事、肥満や生活習慣病の増加、過度の痩身志向などの問題に加え、新たな『食』の安全上の問題や、『食』の海外への依存の問題が生じている」と指摘しています。

　保育園の栄養士や調理師（員）は、食や健康への不安が深刻化するなかで、乳幼児期の食生活を豊かで安全なものにするために、全国の保育関係者と交流しながら、実践を積み重ねています。栄養面だけではなく、食への興味・関心が育つ時期であることから、子どもの心や社会性をはぐくむ給食のあり方を追求してきました。

●**栄養と安全性**：子どもの成長に必要な栄養をきちんと確保するだけではなく、食品添加物や農薬、輸入食品やポストハーベストなどを避けた、安全・安心な食材選択。

●**日本の食文化を伝える**：旬の味、行事食や伝統食、地域の食文化を反映した献立作り。

●**意欲や主体性を育てる**：みんなと一緒に楽しく食卓を囲み、語り合う、苦手な野菜を友だちに励まさ

れ、食べられるようになる―こうした取り組みから、子どもたちが主体的に食に向かう気持ちを育成する。

●**食への関心を育てる**：野菜の栽培や調理活動を保育の一環として取り入れ、給食室との交流などを通じて、給食が出来上がる過程を知ることで、子どもたちの食への関心がはぐくまれる。

●**離乳食、アレルギーへの対応**：生活全体を把握し、発達の特質をふまえて、とくに配慮が必要とされる離乳食、アレルギー食、1～2歳児のおやつの改善。

70年近い保育園給食の歩みのなかで、「空腹を満たす給食」から「保育の一環としての給食」をめざし、関係者のたゆみない努力によって、その質を向上させてきました。

経費削減・効率優先で、保育園から給食室をなくし、給食センターなどからの外部搬入という動きが強まっていますが、長年かけて築いてきた保育園給食を土台から崩すものです。

今、子育て世代の家庭の一部にも、外食やコンビニ食、孤食、朝食抜きが広がり、その影響が懸念されています。

保育園給食で「ともに食べる楽しさ」や「食への関心」をはぐくんだ子どもたちが、園での経験を保護者に伝え、家庭の食事を見直す役割も果たしています。食を通して保育園と家庭が、子どもたちの育ちを共に支えあうことは、大切なことと言えます。

本書にまとめられた180のレシピは、こうした保育園給食関係者の知恵の結晶といっても過言ではありません。家庭や園で、子どもの食生活が豊かになるために、このレシピが活用されることを願ってやみません。

北方幸江（きたがた・ゆきえ）
社会福祉法人緑の丘福祉会・どんぐり保育園（名古屋市）で栄養士として39年間勤務。全国保育所給食セミナーの全国実行委員などを歴任。退職後は、保育士養成校での非常勤講師、NPO法人で学童期の子どもたちと関わる仕事に従事。

協力保育園・執筆者一覧（掲載順）

けま太陽の子保育園（兵庫県尼崎市）

麦っ子畑保育園（神奈川県座間市）担当：大島貴美子

わらしこ保育園（東京都府中市）

井の頭保育園（東京都三鷹市）担当：荒井理江・浜川房子

西七条保育園（京都市）

くりのみ保育園（京都市）担当：角本佳乃子

くわの実保育園（埼玉県秩父市）

たんぽぽ保育園（大分市）担当：二宮直子

太陽の子保育園（兵庫県尼崎市）

新金岡センター保育園（大阪府堺市）担当：三上かおる

朱い実保育園（京都市）担当：兼田祐子、宮田隆子

信愛保育園（京都市）担当：植村知美

杉の子保育園（兵庫県尼崎市）

大受保育園（京都市）

西野山保育園（京都市）

風の子保育園（京都市）

本書編集担当

家庭栄養研究会　為我井雅子／千賀ひろみ

【資料】保育所における給与栄養目標量（例）

2015年版「日本人の食事摂取基準」参照

1〜2歳

	食事摂取基準（A）（1日当たり）	昼食＋おやつの比率（B％）	給与栄養目標量（C＝A×B/100）	保育所における給与栄養目標量
エネルギー（kcal）	950	50%	475	480
たんぱく質（g）	13〜20%	50%	15〜24	15〜24
脂肪（g）	20〜30%	50%	11〜16	11〜16
カルシウム（mg）	450	50%	225	230
鉄（mg）	4.5	50%	2.3	2.3
ビタミンA（μgRE）	400	50%	200	200
ビタミンB₁（mg）	0.5	50%	0.25	0.25
ビタミンB₂（mg）	0.6	50%	0.3	0.3
ビタミンC（mg）	35	50%	18	18
食塩相当量（g）	3.0未満	50%	1.5未満	1.5未満

3〜5歳

	食事摂取基準（A）（1日当たり）	昼食＋おやつの比率（B％）	給与栄養目標量（C＝A×B/100）	保育所における給与栄養目標量
エネルギー（kcal）	1,300	45%	585	590
たんぱく質（g）	13〜20%	45%	19〜29	19〜29
脂肪（g）	20〜30%	45%	13〜20	13〜20
カルシウム（mg）	600	45%	270	270
鉄（mg）	5.5	45%	2.5	2.5
ビタミンA（μgRE）	500	45%	225	230
ビタミンB₁（mg）	0.7	45%	0.32	0.32
ビタミンB₂（mg）	0.8	45%	0.36	0.36
ビタミンC（mg）	40	45%	18	18
食塩相当量（g）	4.0未満	45%	1.8未満	1.8未満

備考：○食事摂取基準は、成長期の食事であることから、不足がないように男女差がある数値については、最大値を使用した。ただし、食塩相当量（ナトリウム）については、摂取不足ではなく、生活習慣病の予防の目的から、過剰摂取への配慮が必要な栄養素であるので、最小値を使用した。
○エネルギーについては、推定エネルギー必要量の最大値、たんぱく質・脂質は、エネルギー％から、その他の栄養素は推奨量の最大値を参考に設定した。（厚生労働省）

料理別索引

主食

【ご飯】
- 青ジソとチリメンジャコのご飯 …… 77
- いり黒豆ご飯 …… 25
- おからのかやくご飯 …… 51
- おにぎり …… 17
- 回転寿司 …… 36
- キュウリとミョウガの混ぜご飯 …… 93
- クリとシメジ・ソーセージの炊き込みご飯 …… 110
- 黒豆と菜の花のピンク寿司 …… 30
- ケーキご飯 …… 122
- こいのぼりご飯 …… 56
- こいもご飯 …… 99
- サケずし …… 89
- サツマイモご飯 …… 102
- サトイモと小豆の混ぜご飯 …… 116
- シメジご飯 …… 109
- ショウガ入り炊き込みご飯 …… 34
- ソラマメご飯 …… 63
- 鯛めし …… 29
- タケノコご飯 …… 48
- だしご飯 …… 72
- 天丼 …… 114
- 夏ちらし …… 70
- 納豆チャーハン …… 43
- ニラ丼 …… 45
- ニンジンご飯 …… 46
- ネバネバ丼 …… 80
- ビビンバ …… 90
- 離乳食のこいのぼりランチ …… 55

【もち】
- お雑煮 …… 9

【麺類】
- セリとサケのスパゲッティ …… 32
- 豆乳そうめん …… 87
- 和風カレーうどん …… 18

主菜

【魚貝類】
- アサリと豆腐のうま煮 …… 38
- アジの揚げもの2種 …… 77
- イカとキャベツのオイマヨ炒め …… 113
- イカと野菜のマリネ …… 83
- イワシのかき揚げカレー味 …… 86
- イワシのコンブ巻き …… 26
- お魚シュウマイ …… 63
- お魚バーグの梅おろし …… 64
- カジキマグロの竜田揚げ菜の花のあえもの添え …… 35
- きのこのイワシロール …… 104
- キュウリとイカのソテー …… 71
- 魚の梅みそ焼き …… 50
- 魚のパン粉焼き …… 126
- サケと豆腐のコロッケ …… 74
- サケのゴマみそ焼き …… 101
- サケのチャンチャン焼き …… 16
- サケのマヨネーズ焼き …… 58
- サバのソース煮 …… 66
- サバの焼き漬け …… 99
- サワラのあんかけ …… 54
- サワラのフキみそ焼き …… 31
- サワラの焼き南蛮 …… 40
- サンマのかば焼き …… 108
- 生り節とフキの煮物 …… 49
- ポテトとサケの和風グラタン …… 123

【肉類】
- かんたん春巻き …… 79
- 鶏肉とゴボウの土佐煮 …… 109
- 鶏の山賊焼き …… 118
- ナスと豚ひき肉のみそ炒め …… 68
- 回鍋肉風（ホイコーロー） …… 49
- もちキビバーグあんかけ …… 111
- レンコンハンバーグ …… 14

【大豆製品】
- 厚揚げときのこのとろみあん …… 93
- 炒り豆腐 …… 103
- おからハンバーグ …… 52

変わり揚げだし豆腐……………	96
こうや豆腐のそぼろ煮…………	19
こうや豆腐の肉詰め煮…………	20
シイタケ豆腐ハンバーグ………	105
大豆ハンバーグ…………………	24
手作りがんも……………………	10
豆腐とニラのあっさりギョーザ……	82
豆腐とレンコンの揚げ団子……	117
豆腐の松風焼き…………………	28
豆腐ハンバーグきのこソースのせ……	47
納豆のボール揚げ………………	42

副菜

【野菜】

青梅で作る梅みそ………………	51
揚げカボチャのおかかあえ……	69
揚げナスとジャコのサラダ……	76
揚げナス煮びたし………………	97
梅ゴマみそ………………………	65
カブとワカメのサラダ…………	23
カブのヒエクリーム煮…………	120
カボチャのいとこ煮……………	13
きのこの炒めなます……………	107
キャベツとビーフンのサラダ……	47
キャベツの甘酢あえ……………	53
牛肉とサヤインゲンと 　トマトのサラダ………………	78
キュウリとモズクの酢の物……	59
キュウリの中華漬け……………	69
切り干し大根の酢のもの………	15
切り干し大根のチヂミ風………	94
こねり……………………………	85
ゴボウのみそ煮…………………	11
コマツナと油揚げの煮びたし……	21
コマツナとシメジの煮びたし……	103
コマツナとマイタケの煮びたし……	11
こんにゃくのネギショウガあえ……	73
サラダなます……………………	9
大根ステーキ……………………	115
大根もちのだしあんかけ………	125
菜の花ギョーザ…………………	37
菜の花とイカの酢みそあえ……	33
菜花の白あえ……………………	41

生春巻き…………………………	73
ニンジンの梅酢きんぴら………	61
ニンジンの白あえ………………	45
ニンジンのドレッシングあえ……	127
ニンジンフライ…………………	39
ハクサイと柿の甘酢漬け………	117
春キャベツと切干し大根の 　ブイヨン煮…………………	53
ブロッコリーの納豆あえ………	19
マカロニグラタン………………	119
マカロニサラダ…………………	43
マドモアゼルサラダ……………	81
ミズナと大根のサラダ…………	31
蒸しナスのマリネ………………	87
野菜の重ね蒸し…………………	61
野菜のコンブあえ………………	75
ヤマイモとヒジキのチヂミ……	13
レンコンコロッケ………………	124
レンコンの梅あえ………………	115
レンコンの豆みそ炒め…………	12
和風チャプチェ…………………	125

【大豆製品】

青大豆の五目煮…………………	23
油揚げと野菜のコブ巻き………	8
お豆と豆腐のサラダ……………	62
きのこの納豆あえ………………	105
こうや豆腐と大豆のマセドアンサラダ……	123
五目納豆…………………………	59
大豆サラダ………………………	55
納豆サラダ………………………	27

【イモ類】

揚げイモ入り煮物………………	100
岩石揚げ…………………………	89
サトイモグラタン………………	113
サトイモのから揚げ……………	111
サトイモの豆乳グラタン………	92
サトイモのふわふわ揚げ………	106
新ジャガの和風ジャコサラダ……	67
ポテトのキャベツ巻き…………	44

【海藻】

茎ワカメのサラダ………………	39
コンブのショウガ煮……………	60
ワカメのてんぷら………………	57

汁物（スープ含む）

- イワシだんごのちゅるちゅるスープ … 22
- エビだんご入り澄まし汁 … 15
- 呉汁 … 112
- 根菜汁 … 21
- 七夕スープ … 71
- トウガンスープ … 88
- トウガンのおつゆ … 79
- 豆乳みそ汁 … 101
- トマトスープ … 75
- 豚汁 … 17
- ナガイモのふわふわ汁 … 98
- 夏野菜のだんご汁 … 84
- 春キャベツと豆腐のスープ … 35
- 春雨スープ … 91
- 冷や汁 … 83
- ブラウンシチュー … 121
- ミツバとハマグリの澄まし汁 … 29

おやつ・デザート

- イチゴサンタ … 119
- おから梅スコーン … 65
- お豆とお芋のういろう … 25
- カボチャの蒸しケーキ … 81
- カラフルお月見だんご … 97
- きなこと豆腐のスコーン … 41
- こいのぼりクッキー … 57
- サツマイモボール … 95
- コーン蒸しパン … 95
- 三食蒸しパン … 33
- スイートポテトロール … 127
- 炭酸まんじゅう … 85
- ひな祭りの茶巾あん … 37
- 豆天 … 27
- 水無月だんご … 67
- ゆでもち … 107
- リンゴの淡雪のせ … 121
- リンゴゼリー … 91

計量カップ・スプーンによる重量

料理の本に出てくる小さじや大さじの大きさは、決まっています。小さじは5cc、大さじは15cc、1カップは200ccです。1ccや2.5ccの計量スプーンも売られていますが、小さじの基本は5ccです。計る調味料や食品によって重さが表のように違います。

表❶ 標準計量カップ・スプーンによる重量表（g）

食品	小さじ1	大さじ1	カップ1
水・酒・酢	5	15	200
食塩・精製塩	6	18	240
天然塩（特殊製法）	5	15	180
しょうゆ・みりん・みそ	6	18	230
上白糖	3	9	130
グラニュー糖	4	12	180
水あめ・はちみつ	7	21	280
油・バター	4	12	180
マヨネーズ	5	14	190
トマトケチャップ	5	18	240
小麦粉	3	8	100
片栗粉	3	9	110
上新粉	3	9	130
ゴマ	3	9	120
牛乳	5	15	210

『七訂 食品成分表 2016』（女子栄養大学出版部）より

表❷ よく使う食材の重量（めやす）

食品名	1カップの重量(g)
精白米*	170
押し麦	115
胚芽米ご飯	120
小豆・うずら豆	150
ゆで大豆	135
おから	100
花かつお	10

食品名		g
ご飯お茶碗	1杯	130〜140
角もち	1切れ	50
食パン6枚切	1枚	60
卵	1個	50
キュウリ	1本	100〜150
ニンジン	1本	150

*精白米1合（180cc）＝150g

あなたも毎月お読みになりませんか

心と体と社会の健康を高めるために、食の安全・健康の最新情報をお届けします。

月刊 食べもの通信
心と体と社会の健康を高める食生活

食は元気の源。知っておきたい情報がいっぱい！

最新の好評特集
- ここをチェック市販のお菓子（14年8月号）
- 野菜大好きな子どもにな〜れ！（15年5月号）
- ①花粉症 腸の免疫力低下と「シャンプー」が一因！
  ②増え続ける食品添加物（16年2月号）
- 発達障害 食事療法からのアプローチ（16年4月号）
- 知らずに浴びている電磁波
  "スマホ"で子どもの脳は大丈夫？！（16年5月号）
- ちょっと待って！ スイーツブーム
  砂糖のとり過ぎにご用心（16年8月号）
- 牛乳に頼らない丈夫な骨をつくる食事（16年9月号）
- 太陽と風のめぐみ 乾物はすぐれもの（16年11月号）

年間購読料 8000円
（送料・税込）

月額払いもできます。
毎月お手元にお届けします！
（書店でもお求めになれます。）

【編集：家庭栄養研究会】

好評連載
- 子どもの食事 おかわりちょうだい！
- 子どもの健康講座（水野玲子）
- すてきな日本の味（島村菜津）
- こんなに違う加工食品（小薮浩二郎）
- 薬膳で元気アップ（山内正惠）
- シリーズ食の安全・安心
- 放射能から命を守る（境野米子）ほか

巻頭インタビュー〈2013年以降の登場者〉
- アーサー・ビナード、市原悦子、丘みつ子、國分佐智子、杉浦太陽、堤美果、鳥越俊太郎、浜矩子、平野レミ、前田典子、松本春野ほか

アーサー・ビナード　杉浦太陽　鳥越俊太郎　平野レミ

お申込みは、食べもの通信社へ

B5判48ページ

食べもの通信社
〒101-0051 東京都千代田区神田神保町1-44
TEL 03(3518)0621 ／ FAX 03(3518)0622 ／メール：tabemono@trust.ocn.ne.jp
ホームページ http://www.tabemonotuushin.co.jp/

■家庭栄養研究会の紹介

　家庭栄養研究会は、食の安全と日本の伝統的食文化に根ざした健康的な生活の実現をめざして、1969年に発足しました。「心と体と社会の健康」を高める食生活の提言を会活動の指針として、子どもの健康と食、食の安全、食料生産、環境や平和の問題まで、会員・読者・生産者と交流を重ねながら研究・学習・政策提言活動をおこなっています。

　会が編集する月刊『食べもの通信』は、1970年創刊。保育園、学校、消費者、生産者などに、最新の食情報を提供する雑誌として高く評価されています。

- ●学習会開催　●各地で読者交流会開催　●講師の派遣紹介
- ●子どもの食と給食プロジェクト

☆あなたのご入会をお待ちしています。お気軽にお問合せください。

　　ホームページをご覧ください。　検索 食べもの通信
　　〒101-0051東京都千代田区神田神保町1-44
　　TEL03-3518-0624　FAX03-3518-0622
　　メール：tabemono@trust.ocn.ne.jp

おかわりちょうだい！　保育園ごはん
元気な子どもを育てる安心レシピ

2016年11月25日　第1刷発行

編　者　　家庭栄養研究会
発行者　　千賀ひろみ
発行所　　株式会社食べもの通信社
　　　　　郵便番号 101-0051
　　　　　東京都千代田区神田神保町1-44
　　　　　電話 03(3518)0621／FAX 03(3518)0622
　　　　　振替 00190-0-88386
　　　　　ホームページ http://www.tabemonotuushin.co.jp/
発売元　　合同出版株式会社
　　　　　郵便番号 101-0051
　　　　　東京都千代田区神田神保町1-44
印刷・製本　新灯印刷株式会社

■刊行図書リストを無料進呈いたします。
■落丁・乱丁の際はお取り換えいたします。

本書を無断で複写・転訳載することは、法律で認められている場合を除き、著作権および出版社の権利の侵害になりますので、その場合にはあらかじめ小社あてに許諾を求めてください。

ISBN 978-4-7726-7705-9　NDC 376　257×182
©Kateieiyoukenkyukai, 2016